테마로 읽는 매혹의 프랑스

테마로 읽는 매혹의 프랑스

초판 인쇄 · 2022년 12월 2일
초판 발행 · 2022년 12월 10일

지은이 · 고종환
펴낸이 · 한봉숙
펴낸곳 · 푸른사상사

주간 · 맹문재 | 편집 · 지순이 | 교정 · 김수란, 노현정 | 마케팅 · 한정규
등록 · 1999년 7월 8일 제2－2876호
주소 · 경기도 파주시 회동길 337－16(서패동 470－6)
대표전화 · 031) 955－9111(2) | 팩시밀리 · 031) 955－9114
이메일 · prun21c@hanmail.net / prunsasang@naver.com
홈페이지 · http://www.prun21c.com

ⓒ 고종환, 2022

ISBN 979－11－308－1990－7　03920

값 24,000원

30가지 키워드로 즐기는 생생하고 매력적인 프랑스

테마로 읽는
매혹의 프랑스

고종환

푸른사상
PRUNSASANG

　　지긋지긋한 코로나의 끝은 언제일까요. 우리나라에서는 사회적 거리두기를 해제했고, 프랑스를 비롯한 유럽과 미국은 물론이고 마스크 착용도 자율에 맡기고 있습니다. 코로나의 완전 종식은 언제일지 모르지만, 이제 사람들은 코로나와 더불어 살아가고 있습니다. 이 책은 거리두기와 자가격리로 해외여행은 생각도 못 하던 시절, 코로나 이후 다시 프랑스를 꿈꾸고 유럽을 생각하는 사람들을 생각하며 쓴 글입니다.

　　유럽이나 프랑스를 생각하면 수많은 재미있는 이야기들이 생각납니다. 그 모든 것들을 한 권의 책에 다 담을 수는 없지만 어떻게 하면 알짜배기만 쏙쏙 담아놓은 책을 만들 수 있을까 고민한 결과가 이번 『30가지 테마로 읽는 프랑스 이야기』로 나오게 됐습니다. 프랑스 역사 10가지, 프랑스 문화 10가지 그리고 프랑스 미식에 관한 스토리 10가지, 총 30가지 테마를 바탕으로, 이미 시중에 넘치는 단순한 프랑스 여행기나 무거운 프랑스 역사서와 차별화하기 위해서 일반인들에게 잘 알려지지 않은 비하인드 스토리를 바탕으로 써내려갔습니다.

프랑스에 가면 가장 먼저 하는 일 중 하나가 바로 맛있는 바게트와 크루아상을 먹는 것이라는 사람들이 많다 하여, 1부에서는 프랑스 음식 이야기에 관해 풀어보았습니다. 프랑스의 상징과도 같은 바게트부터 시작해서 크루아상 그리고 달콤한 디저트의 대명사인 마카롱, 남프랑스에서 유명한 칼리송 등에 관한 이야기입니다. 물론 와인과 치즈도 당연히 포함했습니다. 단순한 음식 이야기만 풀어낸 것이 아니라 유명한 음식들을 통해 프랑스의 문화와 역사를 연결하여 생각할 수 있습니다.

2부에서는 프랑스를 찾는 사람들이 가장 궁금해할 것 같은 문화 요소를 주요 소재로 잡아, 역시 문화를 통해 프랑스를 다양한 각도에서 이해할 수 있도록 했습니다. 절대군주로 악명 높았던 태양왕 루이 14세가 사실은 프랑스가 문화와 예술의 나라가 되는 데 큰 역할을 했다는 이야기도 주목됩니다. 파리에 가면 왜 유난히 흑인들과 아랍인들이 많은지 살펴보며 프랑스의 다문화를 들여다보았습니다. 그리고 프랑스는 왜 대학입학시험에서 아직도 고리타분하게 철학 시험을 그토록 중요하게 생각하는지, 왜 프랑스는 5주나 유급휴가를 주는지, 에펠탑은 어떻게 세워졌는지, 프랑스의 카페는 언제부터 생겼는지. 또한 코스메틱의 본산지인 프랑스답게 향수의 본고장 프로방스에 관한 이야기를 했고, 세계에서 가장 아름다운 대로인 샹젤리제는 어떻게 탄생했는지 등도 살펴보았습니다.

3부에서도 역시 중요하게 생각했던 건 기존의 많은 책들이 언급하지 않거나 크게 주목하지 않았던 역사적 이야기를 찾는 일이었습니다. 무거운 역사서와는 달리 연대기순으로 서술하지 않고 흥미로운 이야기 위

제3부 로마의 정복지에서 혁명의 나라가 되기까지

제1부

빵과 치즈와 와인의 천국, 프랑스

Maison fondée en 1862

LADURÉE

Paris

01

빵집 주인 마음대로 바게트를 만들면 처벌받는다고?

프랑스에서는 정말 빵집 주인이 자기 마음대로 빵, 특히 바게트(Ba-guette)를 만들면 처벌받을 수 있을까? 우리나라에 적용하면, 한국에서 김치를 식당 주인이 자기 마음대로 만들면 처벌할 수 있다는 말이다. 이런 황당한 법률이 프랑스 역사에 분명히 있었다는 게 신기할 따름이다.

프랑스를 상징하는 단어를 떠올리라고 하면 많은 사람들이 자연스럽게 에펠탑, 샹젤리제, 루브르 등을 말할 것이다. 이어서 프랑스를 상징하는 음식이 뭔지 물어보면 역시 비슷한 대답이 나오는데 크루아상, 와인, 치즈 그리고 바게트라는 단어가 반드시 나올 것이다. 여기서 조금 더 나아가 음식에 대한 조예가 깊거나 평소 관심이 많았던 사람들이라면 에스카르고(달팽이 요리), 마카롱 혹은 칼리송 등의 먹거리들을 열거할 것이다.

그렇다. 에펠탑과 루브르가 프랑스 사회를 상징한다면, 누가 뭐래도 프랑스를 가장 잘 표현하는 먹거리는 당연히 바게트일 것이다. 프랑스를 가장 잘 표현한다는 의미는 프랑스 국가이념과 가장 잘 부합한다는 의미이다. 프랑스의 국가이념은 1789년 프랑스대혁명 이후로 줄곧 자유, 평등, 박애, 이 세 가지 정신이었다. 이 세 가지 국가이념 중에서도 일반 국민들이 가장 중시하고 민감했던 것이 있었으니, 바로 평등이었다. 평등이야말로 프랑스와 유럽을 수천 년간 지배해오던 신분제와 대립되는 정신이었기 때문이다. 따지고 보면 프랑스대혁명이 발발한 것도, 불평등에 분노한 민중들의 쌓여 있던 울분이 폭발했기 때문 아니었던가.

평등에 대한 프랑스 민중들의 생각이 얼마나 예민했으면 프랑스대혁명 이후 혁명정부였던 국민공회에서 빵을 만들 때, 특히 바게트를 만들 때는 평등 정신에 입각해서 만들라는 일종의 법률을 만들었을 정도였다. 프랑스 사람들에게 평등 정신은 자신들의 존재 이유가 될 정도로 중요한 개념이었던 것이다. 그런 의미에서 평등을 상징하는 빵이 바로 바게트이기 때문에, 프랑스의 여러 맛있는 음식들 중에서도 가장 프랑스적이고 프랑스의 국가이념을 잘 표현하는 것이 바로 바게트인 것이다. 이런 이유가 더해져서인지 프랑스 사람들의 유별난 바게트 사랑은 특이한 이름만큼이나 세계적으로 유명하다.[1]

---

1 바게트(Baguette) : 바게트의 어원은 생긴 모습처럼 라틴어인 막대기, 지팡이(Baculum)에서 비롯됐다. 이런 이름이 붙은 유래에 대해서는 두 가지 이야기가 전해 내려오는데, 하나는 장작 더미처럼 지게에 담아 팔 수 있도록 만들어졌다는 설이고, 다른 하나는 나폴레옹 시대에 군인이 바지 주머니에 넣어 다닐 수 있도록 길게 만들었다는 설이다. 다만 빵이 가늘고 길어진 이유는 빠른 시간 내에 구울 수 있도록

바게트가 프랑스에서는 단순한 빵 이상의 의미를 갖는다는 것을 잘 보여주는 통계가 있는데, 바로 『파리지앵』과 더불어 가장 유력 신문인 『르 피가로』에서 프랑스인들의 바게트 사랑에 대해 발표한 것이다. 이 신문에 의하면 한국인들이 매일 밥과 김치를 먹는 것처럼 무려 98%의 프랑스 사람들이 매일 최소 1개 이상의 바게트를 먹는다는 것이다. 프랑스에는 약 3,300개가 넘는 빵집이 있고 1초에 약 320개 정도의 바게트가 전국에서 팔리고 있으며, 1년이면 적어도 약 100억 개 이상의 바게트가 프랑스 사람들의 식탁에 오른다. 바게트는 프랑스 사람들의 자존심이자 상징이고 평등을 구현하는 빵으로서, 단순히 빵이라는 하나의 음식 이상으로 프랑스 문화와 역사 그 자체가 된다고 볼 수 있는 것이다. 또한 프랑스 사람들의 바게트 사랑이 얼마나 큰지 유네스코(Unesco)에 자신들의 최애 먹거리인 바게트를 무형유산 후보로 등록, 마침내 유네스코 인류무형문화유산 대표목록에 등재되었다.[2]

하기 위한 것이라는 설이 유력하다.
전통적으로 프랑스에서는 천연 효모인 르뱅을 이용해 빵을 만들었다. 천연 효모로 빵을 구우려면 24시간 동안 여러 차례 빵 반죽을 새롭게 만드는 과정을 거쳐야 한다고 한다. 그래서 과거 제빵사들은 빵 굽는 오븐 옆에서 3시간마다 일어나 천연 효모를 새롭게 갈아주어야 하는 고된 작업에 시달렸다. 결국 제빵사들의 불만이 높아지게 됐고, 제빵사들을 보호하기 위해 20세기 초반인 1920년에 저녁 10시부터 새벽 4시까지는 빵을 만들 수 없도록 시간까지 법으로 정해놓았다. 그래서 사람들이 아침 식사로 먹는 둥근 빵을 만들 시간이 모자라서 빵을 길고 가늘게 만든 것이 오늘날 바게트 모양의 탄생 배경이다.

2　바게트의 유네스코 무형문화유산 등록 : 프랑스 문화부 로즐린 장관은 2021년 3월 31일, 프랑스인들의 자랑인 바게트를 유네스코의 인류무형문화유산 후보로 등록했다. 그리하여 2022년 11월 30일 모로코 라바트에서 열린 유네스코 무형유산위원회

프랑스에서는 아침마다 갓 구워낸 따뜻한 바게트를 사려는 파리지앵들이 긴 줄을 선다. 매주 쉬는 휴일이나 무려 5주에 이르는 긴 여름휴가도 바게트를 파는 빵집만은 예외이다. 즉 빵집 주인들은 문을 닫고 휴가를 가고 싶어도 마음대로 갈 수 없고 반드시 관할구청의 허락을 받아야만 문을 닫고 휴가를 갈 수 있다는 것이다. 바게트와 빵집은 약국과 마찬가지로 일반시민들의 생활과 직결돼 있기 때문이고, 그런 이유로 근처에 있는 다른 빵집들과 쉬는 날이나 휴가가 겹치지 않도록 관할구청이 나서서 조정을 한다. 이러니 프랑스에서 제빵사는 평범한 직업일 수가 없다. 오죽하면 프랑스 대통령이 나서서 전통 바게트를 유네스코 문화유산에 등재시키기 위해서 외교적 노력을 다했을까. 그만큼 프랑스에서 바게트는 단순한 빵이 아닌 것이다.

그렇다면 평등과 빵이 도대체 무슨 관련이 있다는 것인가? 특히 흔하디흔한 바게트와 고귀한 인간의 권리인 평등이 도대체 무슨 상관이 있기에 바게트가 가장 프랑스적인 빵이라는 것인가?

여러분들은 빵에도 평등한 권리가 부여된다는 것을 들어본 적이 있는가? 직업의 평등, 인종의 평등, 신분의 평등 같은 용어와 구호들은 많이 들어봤을 텐데, 그렇다면 빵의 평등은 어떤가?

역사적으로 프랑스에는 빵과 관련된 법률이 있었는데 그중 하나가 바로 '빵의 평등권((Le Pain Égalité)'[3]이었다. 한마디로 요약하면 권력이 있

의 회의에서 '바게트 빵의 장인 노하우와 문화'가 인류무형문화유산 대표목록에 오르게 되었다.

3 빵의 평등권 : 프랑스대혁명 이후 4년이 지난 1793년 11월, 신분제의 상징이었던

제1부 빵과 치즈와 와인의 천국, 프랑스

건 없건, 혹은 돈이 많건 가난하건 또는 계급이 높건 낮건 상관없이 누구나 똑같은 재료를 써서 똑같은 방법으로 만든 똑같은 품질의 빵을 먹을 수 있는 권리를 법률로 제정한 것이다.

이러한 희한한 법률이 왜 만들어졌을까? 어떤 법률이 제정돼서 실현된다는 것은 그만큼 많은 사람들에게 직접적으로 관련이 있다는 말이기도 하다. 프랑스 정부에서는 왜 빵의 평등권을 본격적으로 발표할 수밖에 없었을까?

구체제, 즉 앙시앙 레짐을 무너뜨린 국민공회 정부에서 제정되고 실현된 법령이었다. 물론 이 법령은 공식적이면서 강제적으로 모든 제빵사들에게 적용되지는 않았다. 그러나 비공식적이지만 모든 프랑스 내에서는 당연한 것으로 여겨졌던 것이다. 이 내용의 핵심은 프랑스 민중들의 최대 주식인 바게트에 대해서 신분과 계급에 상관없이 동등한 바게트를 먹을 수 있도록 만든 법률이다. 이 말은 프랑스대혁명 이전까지만 하더라도 바게트에도 엄연히 신분제가 적용되었다는 것이다.

당시 프랑스를 비롯한 유럽 사회는 철저한 신분제 사회였기 때문에 모든 분야에서 신분에 따른 차별이 당연시되고 있었는데, 특히 신분제에 따라서 사 먹을 수 있는 바게트가 정해져 있었다. 대표적인 것이 바게트의 색깔이었는데 신분의 높고 낮음에 따라 흰색 바게트에서 누런 바게트 그리고 검은색에 가까운 바게트를 살 수 있었는데, 국민공회 정부가 빵의 평등권을 선언한 이후부터는 모든 바게트의 색깔을 통일시켜야 했다.

그 내용을 자세히 보면, 제빵업자는 더 이상 부자를 위해 고운 밀가루로 흰 빵을 만들거나 가난한 서민들이 먹는 거친 호밀로 만든 검은 빵을 만들어서는 안 된다는 것이었다. 즉 평등사상에 입각해서 가난한 사람들과 부유한 사람들 모두를 위해 동일한 품질의 빵을 만들도록 정해줬는데 국가가 정한 표준은 밀가루 4분의 3과 호밀 4분의 1을 혼합하는 것이었다. 게다가 바게트를 비롯한 빵의 자유로운 판매 역시 제한하여 국가가 나서서 평등하게 분배하는 배급제를 시행키로 결정했다. 국가가 빵의 판매를 감독하지 않으면 신분 높은 사람들이 독점할 수 있기 때문이었다. 게다가 빵의 평등권에는 강력한 강제조항도 있었다. 제빵업자가 평등의 빵으로 알려진 빵 이외, 신분이 높은 사람들만을 위해서 특별한 빵을 만들면 체포해서 감옥에 집어 넣을 수 있다는 것이었다.

위에서 언급했듯이 빵의 평등권이 본격적으로 실현된 것은 프랑스대혁명이 발발한 지 4년이 지난 1793년부터였다. 프랑스대혁명의 원인으로는 역사적·정치적 그리고 사회적으로 다양하고 거창한 이유들이 있었지만 그중에서도 간과할 수 없던 것이 있었다. 신분제에 대한 철폐, 왕권에 대한 도전, 사회질서 재편 등등에 비춰보면 매우 사소할 수도 있는 것이지만, 문제는 이 사소한 이유가 국민들의 삶과 직결된다는 것이었다. 그것은 바로 삶의 필수요소인 식(食)에 관한 것이다.

02

프랑스대혁명의 원인이 바게트라고?

프랑스대혁명의 이유와 원인은 매우 다양해서 정치적·사회적·문화적 요소들이 모두 포함되어 있다. 그러나 인간에게 있어 가장 중요한 문제인 먹거리에 대한 서민들의 큰 불만 역시 간과할 수 없는 중요한 이유 중 하나였다는 것은 부정할 수 없는 사실이다.

프랑스대혁명이 발발하기 1년 전인 1788년부터 1789년까지 프랑스는 2년 연속 엄청난 흉년을 겪게 됐다. 심한 흉년이 들면 가난한 서민들이 가장 먼저 직격탄을 맞게 되는데 당시 프랑스의 상황도 마찬가지였다. 이어서 심각한 식량 부족 사태가 따라왔다. 흉년에 이은 식량 부족은 당시 주식의 재료였던 밀 값을 폭등시켰고, 이렇게 되자 밀을 재료로 해서 만드는 빵, 즉 바게트의 가격도 치솟았다.

바게트로 대표되는 빵 가격이 폭등했다는 것은 가난한 대다수 서민들이 빵 값을 감당할 수 없게 됐다는 말이기도 하다. 반대로 아무리 밀과 바게트 가격이 올라도 신분이 높고 돈과 권력이 있는 부유층들에게는 그다지 큰 영향을 주지 않았다. 당시 바게트 가격이 얼마나 폭등했던지 하루치 빵 값이 무려 서민들의 하루 일당의 80% 이상까지 치솟기도 했을 정도였으니 아마도 대다수의 가난한 사람들은 바게트 한 덩어리조차 마음대로 사지 못했을 것이다. 하루 힘들게 일해서 1만 원을 버는 서민이 고작 바게트 한 개를 사기 위해서 8천 원이 넘는 돈을 지불해야 했던 것이다. 하루 굶으면 당장 죽을 수도 있는 상황에서 사치품도 아니고 주식인 바게트 값이 이렇게 폭등했으니 가난한 서민들이 얌전히 지내지 않고 들고일어나 폭동을 일으킨 것은 어찌 보면 지극히 당연한 일이었던 것이다.

바게트, 즉 빵으로 대표되는 먹거리에 가장 민감한 사람들은 누구일까? 대부분의 가정에서는 가족들의 식사와 건강을 책임지는 주부들일 것이다. 그렇다면 당시 프랑스에서는 어땠을까? 프랑스대혁명 당시도 마찬가지여서 엄청난 기근과 흉년으로 인해 주식의 재료인 밀 가격이 폭등하면서 빵 값이 상승하자 가장 크게 분노했던 사람들은 다름 아닌 여성들, 즉 가정주부들이었다. 바게트를 구해서 자녀들에게 먹여야 할 책임을 맡은 여성들이 밀과 바게트 가격의 폭등에 가장 민감하게 반응할 수밖에 없었고, 결국 파리에 살던 주부들과 여성들은 봉기에 나서 분노에 찬 행진[4]을 한다.

---

4 베르사유 행진(La Marche des Femmes sur Versailles, 1789년 10월 5일) : '10월 행진' 혹은 '10월 사건'이라고도 부르는데, 프랑스대혁명 때 여성을 중심으로 한 파리 시민들이 베르사유 궁전까지 행진하여 프랑스 국왕 루이 16세를 파리로 강제 귀환하게 한 사건이다. 이날 새벽, 파리의 광장에 모인 6~7천 명의 여성들은 폭우가 내리

백성들의 배고픔을 해결해주지 못하는 군주는 가장 무능한 군주이고 차라리 부패한 군주보다도 못하다는 말처럼, 백성들의 허기진 배를 채워줘야 하는 의무는 군주에게 있어 가장 중요한 덕목이었다. 그러나 혁명의 기운이 프랑스 사회 곳곳에서 무르익어가고 있을 당시 프랑스의 군주였던 루이 16세는 백성들의 굶주림을 해결해주지 못하고 있었다.

결국 배고픔을 견디지 못한 가난한 서민들은 누군가를 향해 자신들의 울분, 그리고 분노를 표출해야 했는데 이들이 자신들의 분노를 쏟을 대상은 다름 아닌 국정의 책임자였던 국왕 루이 16세와 왕비인 마리 앙투아네트였다. 배고픈 백성들의 입장에서는, 당시 프랑스를 중심으로 한 유럽의 여러 가지 정치 · 사회 체제에 불안정한 요소들이 많았고, 이게 결국 프랑스의 경제적 어려움을 초래했다는 등의 현실은 전혀 고려의 대상이 아니었다.

는 날씨에도 불구하고 무려 6시간을 행진해서 베르사유에 도착했다. 그들은 사냥을 나간 루이 16세가 귀가하지 않았기에 4시간을 더 기다린 끝에 결국 루이 16세를 만나게 된다.

분노에 찬 여성들의 모습을 접한 루이 16세는 즉석에서 여성들에게 빵을 배급하겠다는 약속을 했지만 결국 다음 날 유혈사태가 나면서 파리로 강제로 끌려오다시피 할 수밖에 없게 된다. 자신이 좋아하던 베르사유 궁전이 아닌 파리의 튈르리 궁전에서 아무런 재미도 없이 감시받는 생활을 하던 루이 16세 일가는 결국 어느 날 밤 나라와 국민들을 버리고 왕비 마리 앙투아네트의 본국인 오스트리아로 탈출하기 위해 야반도주를 해서 국경 지방인 바렌까지 도망을 간다. 국경을 넘기 직전 바렌 역장 아들의 신고로 체포되어 파리로 압송된 국왕 일가는 분노에 찬 파리 시민들에게 정치적으로 버림받았고, 결국 루이 16세와 마리 앙투아네트의 단두대 처형으로까지 이어지게 됐던 것이다. 이런 의미에서 보면 당시 가난하고 힘도 없던 여성들이 빵을 달라고 외치면서 시작했던 베르사유 행진이 국왕 부부가 공개처형되는 큰 사건을 촉발시킨 셈이다.

새벽에 모여 "빵을
달라"고 외치면서
행진하던 여성들이
나중에는 무기까지
확보하면서 큰 세력을
형성했다.

당시 루이 16세 국왕 부부는 정치적으로 골치 아프고 복잡한 파리를
떠나 베르사유 궁전에 기거하면서 사냥을 하거나 매일 축제를 벌이면서
소일하고 있었는데, 파리 시민들은 이런 국왕 부부를 만나서 먹거리에
대한 해결책을 요구하는 것, 그리고 자신들의 배고픔을 해결하는 것, 오
로지 이 두 가지만이 긴급한 당면 과제였다. 그래서 그들은 파리를 떠나
베르사유까지 분노에 찬 행진을 하게 된 것이다.

어느 날 파리에 모인 많은 배고픈 여성들 중에서 누군가가 드럼을 치
면서 흥분한 무리들을 선도하기 시작했다. 파리를 출발해서 루이 16세
국왕 부부가 사는 베르사유 궁전까지 약 6시간을 걸어가면서 이들이 가
장 먼저 분노에 찬 목소리로 외쳤던 것은 신분제 철폐도 아니었고 자유
도 아니었으며 여성해방은 더더욱 아니었다. 이 여성들이 한목소리로
외쳤던 것은 처음부터 단 한 가지, 즉 "우리에게 빵을 달라"는 것이었다.

돈이 없었던 서민들은 바게트 중에서도 가장 질이 형편없고 색깔이

시커먼 바게트를 먹을 수밖에 없었다. 버터는 고사하고 껍질도 제대로 벗기지 않은 곡식과 여러 가지 버려지는 곡식들을 섞어 만들어서 짙은 색을 내는 바게트였다. 서민들은 이런 바게트조차도 간신히 구해서 자식들을 먹이거나 때로는 그것도 없어 굶어야 했던 반면, 신분이 높은 사람들은 여전히 고운 밀가루에 버터까지 넣은 하얗고 품질이 좋은 바게트를 먹었다. 이처럼 철저히 신분에 따라서 색깔이 다른 바게트를 먹을 수밖에 없었던 것이 당시 프랑스의 상황이었고 이것이 곧 프랑스대혁명을 촉발시킨 하나의 분명한 이유가 됐던 것이다. 이것이 바로 프랑스대혁명에서 바게트, 즉 **빵**이 신분제로 인한 사회 갈등의 중심이 됐던 이유였다.

03

먹다 남은 바게트 조각으로 빈 접시를 닦는다고?

바게트에 먹는 것 외에 다른 용도가 있을까? 한국 사람들 중에서 이 것을 가지고 고민해본 사람들은 아마도 한 사람도 없을 것이다. 왜? 바 게트는 당연히 맛있는 빵이므로 배가 고플 때 버터나 과일 잼을 발라서 먹으면 그만이니까. 그렇다면 바게트를 프랑스 국민 빵이라고 생각하는 프랑스 사람들은 어떨까? 그들도 바게트는 그저 주린 배를 채워주는 용 도로만 사용할까? 결론적으로 프랑스 사람들은 바게트 조각을 그냥 배 를 채우는 용도로만 쓰지는 않는다. 메인 식사를 다 마친 프랑스 사람들 이 바게트 조각으로 하는 특별한(우리가 보기에) 행위가 있다.

프랑스 사람들은 일반적으로 저녁을 상당히 공들여서 준비하고 우리 가 보기에는 상당히 많이 먹는다. 특히 일반적인 서양인들처럼 프랑스 사람들도 고기를 많이 먹는데, 특히 하루 식사 중에서 저녁을 고기와 함 께 많이 먹는 편이다. 특별한 날 프랑스 가정에 초대받아서 간다면, 특히 저녁식사에 초대받는다면, 그날은 허리띠를 풀고 먹을 생각을 해야 할 정도이다. 필자가 과거 프랑스에서 공부하던 때 친한 프랑스 가정에 저녁 초대를 받아서 가면, 조금 과장해서 밤새도록 먹고 마실 정도였다. 이처럼 대부분의 프랑스 가정에서는 저녁식사를 여유롭고 풍성히 먹기 때문인지 몰라도 많은 프랑스 사람들의 아침식사는 우리가 놀랄 정도로 간단한 경우가 많다.

과거 한국인들이 보릿고개[5]를 겪어서 그런지 옛날 어머니들은 아침 식사를 제대로 차려 먹어야 한다고 생각한다. 흰 밥에 따끈한 국물 그리고 여러 가지 반찬과 김치까지 잘 차려서 먹는 걸 좋아하는데 이런 삶

---

5 보릿고개 : 가을에 수확한 식량이 떨어지고 여름 곡식인 보리가 아직 여물지 않은 음력 4~5월의 춘궁기를 가리키는 사회학 용어이다. 가난한 농민들이 추수 때 걷은 수확물 중 소작료, 빚 또는 그 이자 등을 갚고 난 뒤 나머지 식량으로 보리가 수확될 때까지 버티기에는 그 양이 절대적으로 부족했다. 그래서 이때에는 풀뿌리, 나무껍질 등으로 간신히 끼니를 잇고 걸식이나 빚 등으로 연명할 수밖에 없으며 굶어 죽는 사람 또한 속출하였다.
사회학에서는 우리나라가 1945년 광복과 1950년 6·25전쟁 등을 거치면서 가장 가난하고 힘든 시기가 시작됐는데 이런 상황이 1960년대 말까지 이어졌으며, 한국인이 보릿고개에서 벗어난 것은 1960년대 후반 경제개발 5개년 계획이 실시된 이후부터라고 보고 있다. 그러나 사실상 보릿고개가 구조적으로 정착되어 우리 국민들이 매년마다 겪게 된 것은 일제강점기부터였다. 1910년대에 실시된 토지조사사업을 통해서 일본이 우리 농민들의 토지를 강제로 탈취하였기 때문이었다. 이와 같은 상황에서 농가의 빚은 더욱 늘어나게 되었다.
예컨대 1930년에는 전체 소작농의 약 75%가 당시 화폐 가치로 한 집당 평균 65원의 빚을 지고 있었고, 1930년대 말에는 빚이 더 늘어서 조사 대상 농가의 78%가 평균 115원의 빚을 지고 있었다. 게다가 빚을 진 이유가 농사를 짓기 위해서가 아니라 식량을 구입하기 위해서였다는 것을 보면, 당시 우리 농민들의 상황이 얼마나 심각했는지를 알 수 있다. 일제강점기 시절부터 시작된 우리 농민들의 가난이 결국 해방과 전쟁을 겪으면서 더욱 심각해졌던 것이 결국 보릿고개가 된 것이다.

프랑스 가정의 아침식사

을 살다가 프랑스에 온다면 푸짐하고 느긋한 저녁식사에 한번 놀라고, 이에 비해 너무나 단순하고 간단한 아침식사에 다시 한번 놀랄 것이다. 프랑스 사람들의 아침식사는 커피 한 잔에 바게트 한 조각 혹은 크루아상[6] 한 개 정도로 끝나는 경우가 아주 많기 때문이다. 과일 잼과 버터를 바른 바게트 한 조각 혹은 고소한 버터 향이 진하게 나는 크루아상 하나면 아침식사가 되기 때문인지 프랑스의 카페나 레스토랑에서 아침을 주문해도 거의 이렇게 간단하게 나온다.

프랑스와 국경을 맞대고 있는 독일 사람들이 아침에 거의 대부분 햄이나 소시지 등 짠 음식을 위주로 먹는다면, 프랑스 사람들은 아침에는 짠 음식을 거의 먹지 않는다. 영국이나 독일 등의 나라와 비교하면 특히 프랑스의 아침식사는 정말 간소하고 특별할 게 없다.

---

6 크루아상(Croissant) : 바게트가 '막대기'라는 뜻이었다면, 프랑스어로 '초승달'을 의미하는 크루아상은 들어가는 재료부터 바게트와 많이 다르다. 바게트에는 오로지 물과 밀가루, 그리고 소금만 들어가지만, 크루아상에는 그 외에 결정적으로 달걀과 무염버터가 들어간다. 특히 버터가 많이 들어가서 갓 구워낸 크루아상이 선사하는 달콤하고 고소한 맛은 하루를 즐겁게 시작하게 해주지만 대신 어느새 몸무게가 늘어나게 된다. 바게트는 칼로 자른 단면에 구멍이 숭숭 뚫려 있는 반면, 크루아상은 파이처럼 여러 겹으로 이루어져 있고 이스트의 작용으로 폭신폭신한 느낌을 준다.

제1부 빵과 치즈와 와인의 천국, 프랑스

프랑스 식당의 흔한 바게트 바구니.
이때 바게트 역할은 1. 배를 채워준다.
2. 접시를 닦는다.

크루아상과 바게트는 둘 다 프랑스를 대표하는 국민 빵인데 쓰임새에 약간 차이가 있다고 볼 수 있다. 바게트가 아침, 점심 그리고 저녁식사까지 거의 빠지지 않고 모든 끼니마다 항상 나온다면, 크루아상은 주로 아침식사로 간단히 먹을 때 많이 선택하는 빵이다. 바게트가 얼마나 흔하게 식탁에 오르는가 하면, 하다못해 레스토랑에 가서 단순히 샐러드 한 접시만 시켜도 조그만 바구니에 담겨서 나올 정도이다.

이때 바게트는 단순히 식욕을 충족시키는 것에서 그치지 않고 또 다른 중요한 역할을 하는데, 바로 메인 음식을 먹고 난 빈 접시를 닦는 용도로도 쓰인다는 것이다. 즉, 음식을 다 먹은 접시에 남은 소스를 깨끗이 닦는 역할도 한다.(프랑스 사람들이 식사하는 모습을 본 사람들은 이 말을 금방 이해할 것이다. 무슨 음식을 먹더라도 프랑스 사람들은 접시에 묻은 소스를 바게트의 흰 부분으로 닦아서 그것을 또 먹는다. 그러면 접시가 아주 깨끗해지는 것이다. 약간 과장하면 설거지를 할 필요가 없을 정도로 접시가 깨끗해진다.)

프랑스 사람들과 함께 식사를 해본 사람들은 바게트의 용도가 빈 접시 닦는 것이라고 하면 금방 고개를 끄덕일 것이다. 한국 사람들은 빵

먹다 남은 바게트 조각으로 빈 접시를 닦는다고?

으로 그릇을 닦는다는 것은 거의 생각해본 적도 없고 본 적도 없을 것이다. 필자도 프랑스 친구들과 처음 식사를 할 때, 프랑스 친구들이 메인 음식을 다 먹고 소스가 묻어 있는 빈 접시를 바게트 조각으로 깨끗이 닦고 그리고 나서 또 소스 범벅이 된 그 바게트 조각을 맛있게 먹는 걸 보고 속으로 기겁했던 적이 있었다.

한국 사람들에게도 외국인들을 기겁하게 하는 재미난 식후 문화가 있다. 특히 나이 드신 어르신들이 과거에 많이 했던 것으로, 다 먹은 밥공기에 숭늉이나 물을 부어서 그릇에 묻은 양념(소스)들과 함께 그 물을 마셨다. 지금 젊은이들은 이게 무슨 말인지 잘 모를 수도 있지만 아마도 40대 이상의 한국인들이라면 이런 장면을 많이 봤을 것이다.

프랑스인들이 바게트 조각으로 빈 접시를 깨끗이 닦는 식후 문화를 갖고 있다면, 우리 한국인들은 숭늉으로 밥공기를 깨끗이 닦는 식후 문화가 있었던 것이다. 그래서 문화의 다양성은 참 재미있는 현상이라고 말할 수 있다.

이처럼 프랑스 사람들의 국민 빵인 바게트에는 숨겨진 재미난 역할이 있다. 프랑스에서 식사를 하게 될 기회가 있다면, 바구니에 담겨서 나오는 바게트 조각을 이용해서 프랑스인들처럼 소스가 묻은 빈 접시를 깨끗이 닦고 그 바게트 조각을 먹어보라. 생각보다 더 맛있고 재미있을 것이다.

04

크루아상을 못 먹게 하는 나라가 있었다고?

　초승달 모양의 크루아상은 바게트와 더불어 프랑스를 대표하는 가장 유명한 빵이다. 그러나 실제 크루아상의 기원은 프랑스가 아니고 다른 나라라는 사실은 많이 알려져 있지 않다. 사실 크루아상의 정확한 기원에 대해서는 이런저런 얘기들이 있는데 그중에서 가장 많은 지지를 받는 것은 오스트리아에서 유래했을 것이라는 이야기다.

　1683년, 오스트리아가 이슬람 제국인 오스만튀르크[7]와 빈 전투(Battle

7　오스만튀르크 : 과거 로마제국에 버금가는 대제국을 이루었던 오스만제국은 비잔틴의 세력을 약화시킨 셀주크튀르크의 후예로 15세기 중반인 1453년 비잔틴제국을 완전히 함락시켰다. 그 이후 지금의 터키를 중심으로 동유럽과 오리엔트 지역에 500년 이상 세력을 떨쳤다.
　막강한 세력을 유지하던 오스만튀르크는 비잔틴 문화유산을 보존하면서 이슬람과 조화를 이루는 정책을 폈는데, 17세기 이후 세력이 약화되었고 제1차 세계대전 이후 왕정이 무너지면서 1924년 터키공화국으로 거듭나 현재에 이르고 있다.

of Vienna)에서 일전을 겨뤘는데, 이 전쟁에서 승리한 것을 기념하기 위해 만들어 먹었던 빵이 크루아상이고, 이게 프랑스로 들어가면서 더욱 유명해져 지금의 프랑스를 상징하는 빵이 됐다는 설이다.

그 이야기는 다음과 같다. 오스트리아는 과거 유럽 최고의 가문인 합스부르크 왕가가 다스리는 나라였다. 오스트리아와 오스만튀르크의 전쟁에서 결정적인 공을 세운 사람이 있었으니, 무명의 제빵사였다. 전쟁이 발발하기 1년 전인 1682년, 오스만튀르크의 선전포고를 받은 오스트리아는 빈을 둘러싼 성곽의 방비를 튼튼히 강화해서 말 그대로 철옹성을 구축했다. 아무리 악명 높은 오스만튀르크라도 이런 철옹성을 함락하기는 쉽지 않았다. 결국 많은 병력에 손실을 입은 오스만튀르크는 전략을 변경해서 정상적인 공성전이 아닌 변칙 공격을 구상했다. 바로 성 밖에서부터 지하 땅굴을 파서 성 안으로 잠입한다는 계획이었다. 그러나 오스만튀르크가 시도한 땅굴 작전은 뜻밖에도 무명의 제빵사에 의해 발각된다.

바게트도 그렇고 크루아상도 그렇고 식사 대용으로 먹는 빵을 만들기 위해서 제빵사는 반드시 이른 새벽에 일어나서 준비를 하는데, 어느 날 새벽 일찍 일어난 한 제빵사가 오스만튀르크군들이 땅굴 파는 소리와 그들이 하는 얘기를 듣게 된다. 그들이 땅굴을 통해 기습할 예정이라는 것을 알아챈 제빵사는 즉시 이를 왕궁에 알렸다. 이 결정적인 정보를 파악하여 미리 대비하고 있던 오스트리아는 결국 불리했던 빈 전투에서 대승리를 거두었고, 중요한 정보를 전달한 제빵사는 합스부르크 왕가의 모든 빵을 책임지는 오스트리아 최고 제빵사의 자리에 올랐다고 한다.

빈 전투 승리 후 오스트리아 국민들이 위대한 승리를 오래 기억하도

초승달 모양의 크루아상과 오스만제국 국기의 초승달이 비슷하다.

록 하고 싶었던 제빵사는 어느 날 특이한 모양의 빵을 하나 만들었는데 그게 바로 초승달을 닮은 크루아상이다. 제빵사는 오스만튀르크 깃발에 있는 별과 초승달 중에서 초승달을 택해서 만들었던 것이다. 마호메트가 이슬람교를 창시한 이후로 오스만튀르크를 비롯한 이슬람 제국에서는 초승달과 별을 가장 신성하게 여겼다. 그 이유는 이 종교를 창시할 때 마호메트가 알라에게 특별한 계시를 받았는데 이때 하늘에 선명히 떠 있던 것이 바로 초승달과 별이었다고 믿기 때문이다.

오스트리아 제빵사가 만든 초승달 모양의 크루아상은 오스트리아 국민들에게 빈 전투의 승리를 떠올리는 기쁨의 빵이었지만, 반대로 쓰라린 패배를 당한 오스만튀르크에겐 아마도 치욕적인 빵이 됐을 것이다. 제빵사가 이런 모양의 빵을 만든 것은 초승달 모양의 빵을 씹어 먹으면서 다시 한번 오스만튀르크를 꺾은 승리의 기쁨을 기억하고 누리라는 의미였으니까……. 이런 이유로 인해서 이 제빵사가 만든 빵은 일약 합스부르크 왕가의 적극적인 후원에 힘입어 오스트리아에서 가장 인기 있고 대중적인 빵이 된다. 오스트리아 사람들이 모두 초승달 모양의 빵을 좋아했지만 특히 가장 좋아했던 사람은 바로 합스부르크 왕실의 공주인

크루아상을 못 먹게 하는 나라가 있었다고?

마리 앙투아네트[8]였다고 한다.

마리 앙투아네트라고 하면 상당히 익숙한 이름이 아닌가. 그렇다. 프랑스대혁명이나 단두대(기요틴)를 말할 때 항상 등장하는 비운의 왕비, 프랑스대혁명 이후 혁명정부인 국민공회에 의해 남편인 프랑스의 국왕

---

8 마리 앙투아네트(Marie Antoinette) : 오스트리아 합스부르크 왕가의 막내딸로 1755년 11월 2일 신성로마제국 황제 프란츠 1세와 오스트리아의 여제 마리아 테레지아에게서 태어났다. 여러 초상화에서 보는 것처럼 기품 있는 외모와 함께 좋은 왕실 교육을 받으며 성장해서 유럽의 여러 왕실에서 인기가 많았다고 하는데, 당시 오랜 숙적이었던 프랑스와의 정치적 동맹을 위해서 프랑스의 루이 16세와 정략결혼을 했다.

프랑스 왕실의 국모로 지내던 1789년, 프랑스대혁명이 발발하면서 결국 38회 생일을 2주 앞둔 1793년 10월 16일에 남편인 루이 16세의 뒤를 따라 단두대에서 공개 처형을 당했다. 그녀가 7세이던 1762년, 빈 궁정음악회에 온 6세의 모차르트가 넘어졌는데 그를 일으켜주면서 즉석 청혼을 받았던 일화도 있다. 왕실 교육 덕분에 음악과 미술은 물론이고 모국어인 독일어 외에 이탈리아어 등 외국어에도 능통했다고 알려졌는데 이상하게 프랑스어를 익히는 데는 상당히 어려워했다고 한다. 그래서 결국 프랑스어를 제대로 익히지 못한 채 프랑스 왕실로 들어갔고, 프랑스 왕실에서는 적국에서 온 여인인 데다가 프랑스어를 못한다는 이유가 더해져서 그녀를 곱게 보지 않았다고 전해진다.

제1부 빵과 치즈와 와인의 천국, 프랑스

루이 16세와 함께 공개처형되면서 단두대에서 목이 떨어졌던 바로 그 여인이다.

마리 앙투아네트

오스트리아에서 전쟁의 승리를 기억하게 하는 특별한 의미를 지닌 크루아상이 프랑스로 전수되고, 바게트와 더불어 프랑스의 국민 빵이 된 과정에는 프랑스 왕실과 오스트리아 왕실의 결혼이라는 사건이 있었다. 바로 오스트리아 왕실의 공주 마리 앙투아네트가 프랑스의 루이 16세와 결혼하면서 오스트리아를 떠나 프랑스로 오게 됐는데, 이때 오스트리아 왕궁의 제빵사도 데려왔던 것이다.

제빵사는 오스트리아를 떠나 프랑스로 들어와서 처음에는 마리 앙투아네트를 위해서, 다음에는 프랑스 왕실 사람들을 위해서 다양한 빵들을 만들었다. 그 빵 중의 하나가 바로 특이한 초승달 모양을 한 크루아상이었던 것이다.

당시 프랑스보다 모든 분야에서 앞섰던 유럽 최고 왕실인 합스부르크 왕실에서 온 제빵사가 만든 빵이었기에 프랑스 왕실 사람들은 물론이고 삽시간에 프랑스 귀족들의 입맛을 사로잡았다. 결국 크루아상은 프랑스 왕실 사람들, 귀족들의 입맛뿐만 아니라 프랑스 서민들의 입맛까지 사로잡으면서 프랑스 전역으로 인기를 넓혀갈 수 있었다. 이렇게 해서 프랑스에 전해진 크루아상은 시대를 거치면서 특히 19세기부터 본격적으로 많은 인기를 얻게 됐고, 지금은 바게트와 더불어 당당히 프랑스를 상징하는 빵이 된 것이다.

오스만튀르크가 전혀 의도한 것은 아니지만 결론적으로 프랑스의 국민 빵이 된 크루아상은 이슬람 제국이 준 뜻밖의 선물(?)이었던 것이다. 특히 특유의 초승달 모양은 바로 오스만튀르크 국기에 그려진 초승달 모양을 본떠 만든 것으로, 이런 이유 때문인지 오랜 기간 오스만튀르크의 후손인 이슬람권 일부 국가에서는 빈 전투의 패전을 떠올리게 하는 크루아상을 먹는 것을 금지했다고 전해진다. 물론 21세기인 지금이야 유럽 어디를 가더라도 크루아상을 금지하거나 판매하지 않는 나라는 없으니 걱정하지 않아도 된다.

05

나폴레옹도 치킨을 엄청나게 좋아했다고?

한국 사람만큼 치킨을 좋아하는 민족이 이 세상에 또 있을까? 아마도 없을 것 같다. 한국인들은 치킨 사랑이 남다른 민족이어서 치킨을 이용해서 아예 하나의 문화를 만들어내기도 했다. 바로 '치맥'[9]이라고 불리

---

9 치맥 : 치킨과 맥주를 합성한 신조어. 과거 한국에서 가장 인기가 많았던 닭 요리는 바로 전기구이 통닭이었다. 전기구이 통닭은 한국이 근대화의 길에 접어들기 시작하는 1960년대 초에 등장해서 많은 인기를 누렸다. 그러다 서울 아시안게임과 서울 올림픽이 열린 1980년대 들어서면서 조각낸 닭튀김이 등장하여 사람들의 관심이 전기구이 통닭에서 닭튀김으로 옮겨가기 시작했는데 이런 인기를 선도한 업체가 바로 그 유명한 KFC였다.

KFC는 1984년 첫 매장을 서울 종로에 열면서 한국에 진출했다. 이때부터 한국인들의 입맛은 닭을 조각내어 기름에 튀긴 치킨에 익숙해지기 시작했다. 그러다가 본격적으로 치킨과 맥주의 조합이 공전의 대히트를 치게 되는 계기가 생겼으니, 바로 길거리 응원으로 전 세계에 신선한 충격을 주었던 2002년 한 · 일 월드컵이었다. 붉은악마로 대표되는 한국 응원단들이 경기 전후로 광장에 모여서 닭튀김과 시

1960년 문을 연 국내 최초의 전기구이 통닭 매장   당시 흔했던 전기구이 통닭 광고
명동 영양센터

는 것이 그것이다. 2002년 한·일 월드컵 이후로 전 국민적인 인기를 얻으면서 한류를 대표하는 먹거리가 됐고, 한류가 진출하는 아시아 대부분의 나라에서도 치맥은 하나의 먹거리 아이콘이 될 정도로 한국인들은 치킨을 사랑한다.

　한국인들만큼은 아니겠지만 프랑스의 영웅인 작은 거인 나폴레옹 또한 치킨을 매우 좋아했던 것으로 알려졌다. 나폴레옹은 치킨 외에 굴, 버섯 등의 먹거리도 좋아했지만 특히 치킨은 나폴레옹에게 불굴의 군사 정신을 심어주는 특별한 요리였다고 한다. 또한 나폴레옹이 좋아했던 치킨은 그에게 '마렝고 전투'[10]라는 위대한 전쟁의 승리를 상기시켜주는

원한 맥주를 마시는 광경이 널리 알려지면서 치맥이 엄청난 인기를 끌었던 것이다. 물론 치맥의 인기에는 계절적인 요인도 있었다. 당시 월드컵이 열렸던 시기가 6월에서 7월이었기에 한창 무더위가 기승을 부렸고 무더위와 잘 어울리는 음료수가 바로 시원한 생맥주였다. 시원한 생맥주를 마시면서 술안주로 찾았던 것이 바로 닭튀김이었고 이때부터 치맥이라는 용어는 전 국민이 익숙하게 사용하게 되었다.

10 마렝고 전투(1800년 6월 14일) : 마렝고 전투는 나폴레옹을 정치적·군사적으로 명실상부한 프랑스의 최강자로 만들어준 전투이자 이탈리아에서 오스트리아를 완전

제1부 빵과 치즈와 와인의 천국, 프랑스

매우 특별한 요리이기도 했다.

사실 치킨을 좋아하고 굴과 버섯 등을 좋아했다고 해서 그를 미식가라고 할 수는 없다. 나폴레옹은 다른 권력가들이나 황제들과 달리 음식을 즐기는 사람이 아니었고 오히려 매우 짧은 식사시간으로 유명했기 때문이다.[11] 나폴레옹은 프랑스의 황제가 된 이후에도 계속 짧은 식사시간을 고수했고 때로는 식사시간이 아까워서 포크와 나이프는 물론이고

히 몰아내고 프랑스의 지배권을 공고히 하게 만들어준 전투이다. 프랑스대혁명 후 권력을 잡은 나폴레옹은 이탈리아에 주둔하면서 영향력을 행사하던 오스트리아를 몰아내기 위해 약 4만의 군사들을 이끌고 눈 덮인 알프스 산맥을 넘어 밀라노를 거쳐 마렝고 평원에서 오스트리아의 7만 군사와 대결했다.

당시 오스트리아의 총사령관은 70세의 백전노장인 멜라스 장군이었다. 전세를 오판한 나폴레옹의 판단 미스와 멜라스 장군의 전략에 의해 처음에는 프랑스군이 패퇴한다. 이후 나폴레옹은 2차 공격을 감행하지만 이번에도 패배해서 결국 최종 후퇴를 결심하는데 이때 한 명의 구세주가 등장한다. 루이 드제 장군이 이끄는 약 1만의 군사가 오스트리아군의 배후를 공격하면서 순식간에 전세가 역전된 것이다. 드제 장군의 가세로 인해 결국 마렝고 전투의 최종 승리는 나폴레옹에게 돌아가게 된다.

이때 만약 프랑스군이 패했다면 나폴레옹의 운명이 바뀌었을 수도 있었는데 이 전투의 승리로 인해 프랑스는 이탈리아에서 오스트리아를 완전히 몰아내고 명실상부한 최강자로 군림할 수 있었다. 물론 나폴레옹도 파리에서 그의 정치적인 영향력과 입지를 공고히 할 수 있었고 이를 통해 그의 전성시대가 열리게 되었다. 즉 마렝고 전투는 나폴레옹에게 정치적으로 프랑스의 거목이 되는 데 가장 큰 역할을 했던 전투였다. 마렝고 전투에서 위기에 빠진 나폴레옹과 프랑스군을 구한 루이 드제 장군은 전투 중에 전사하고, 승리의 모든 영광은 나폴레옹이 차지하게 되었다.

11 나폴레옹의 짧은 식사시간 : 나폴레옹의 군사학교 친구였던 루이 앙투안 포블레(Louis Antoine Fauvelet)가 쓴 『나폴레옹의 삶(*The Life Of Napoleon Bonaparte*)』이라는 책에 이에 관한 이야기가 나온다. "황제는 음식을 매우 빨리 먹었다. 저녁 식탁에 머무는 시간은 겨우 12분 정도밖에 안 됐다. 특히 황제는 아침식사를 대부분 혼자 했는데 그는 둥근 마호가니 식탁에 앉아 목에 냅킨도 제대로 두르지 않고 식사를 했다. 다른 식사보다 더 짧은 8분에서 10분쯤 됐다."

치킨 마렝고

목에 냅킨도 두르지 않고 그냥 손으로 집어서 먹는 일도 잦았다고 한다.

이처럼 권력자답지 않게 미식을 탐하지 않았던 나폴레옹이었지만 전쟁에서의 특별한 승리를 기억나게 해주는 기분 좋은 음식인 '마렝고 치킨'

혹은 '치킨 마렝고(Chicken Marengo)'라고 이름 붙였던 치킨만큼은 자주 즐겼다고 전해진다. 우리도 특정 음식을 먹으면 오래전에 떠나온 고향이 생각나거나 혹은 그 음식을 자주 해주시던 어머니를 떠올리는 것처럼, 나폴레옹에게는 치킨 마렝고가 그런 음식이었을 것이다. 그 치킨 마렝고는 지금은 프랑스를 비롯한 유럽의 정통 레스토랑 메뉴판에서 어렵지 않게 볼 수 있는 평범한 음식이 되었다.

마렝고 치킨의 주재료는 치킨과 토마토를 이용해서 만든 토마토 소스이다. 이런 재료가 쓰이게 된 것은 마렝고 전투를 치르고 나서 나폴레옹 전속 요리사가 전장에서 급히 구할 수 있는 재료가 당시 마렝고 평원의 시골에서 흔했던 토마토와 닭이었기 때문이다. 요리사는 그 외에도 마렝고 지역에서 쉽게 구할 수 있었던 양파와 버섯을 와인과 토마토소스에 삶아서 요리를 만들었는데 이 요리가 나폴레옹을 비롯한 프랑스군들에게 많은 인기를 얻게 됐다. 이때부터 이런 종류의 닭고기를 '치킨 마렝고'라 부르게 됐던 것이다.

나폴레옹에게는 독특한 습관이 하나 있었다고 전해지는데 식사시간이 유난히 짧았던 것 외에 또 하나는 중요한 전투를 목전에 두고는 아무런 음식을 먹지 않고 빈속으로 나가서 싸웠다고 한다. 오스트리아와의 중요한 전투인 마렝고 전투를 앞두고도 평소처럼 식사를 하지 않고 전투에 임했던 나폴레옹은 전투를 극적으로 대역전승으로 이끌고 나서 승리감과 배고픔을 동시에 느껴 전속 요리사에게 급히 요리를 주문했다고 한다. 그러나 아직 프랑스군을 위한 식량 보급부대가 오지 않아서 필요한 재료를 구할 수 없었던 요리사는 급히 평원으로 나가, 결국 마렝고 평원 주변의 시골에서 구한 재료로만 음식을 만들었던 것이다. 이런 과정을 거쳐서 치킨 마렝고가 탄생했던 것이다.

06

마카롱이 프랑스 왕실의 전용 디저트였다고?

최근 들어 한국인들이 가장 자주 찾는 디저트가 무엇일까? 디저트의 고급화가 급격하게 이루어지면서 식후에 커피를 마시는 것이 고작이던 사람들이 달콤한 케이크를 디저트로 먹기 시작하더니 요즘은 여성들을 중심으로 마카롱[12]의 인기가 예사롭지 않다. 마카롱은 디저트계의 끝판

---

12 마카롱 : 달걀 흰자로 만든 머랭을 주재료로 하여 백설탕, 아몬드 가루와 밀가루 등으로 만든 과자. 프랑스의 대표적인 달콤한 디저트이다. 모양은 동그랗고 손에 들어갈 수 있을 만큼 조그맣다. 마카롱의 구조는 잘 부서지지만 약간 딱딱한 껍질로 된 위아래 부위와, 그 중간에 머랭이나 잼, 마지팬, 크림 등을 넣어 만든 부드러운 중간 부위로 나뉜다. 마카롱의 인기에 편승한 비슷한 모양의 아류 마카롱들이 많이 등장했지만 프랑스 마카롱(French Macaron)이 가장 정통적이고 유명하다. 프랑스와 유럽 국가에서 가장 인기를 많이 얻고 있지만 최근에는 한국과 중국을 비롯한 동양의 여러 나라들에서도 굉장한 인기를 모으고 있는 고급 디저트의 상징 같은 과자류다. (출처 : 위키백과)

제1부 빵과 치즈와 와인의 천국, 프랑스

왕 혹은 베이킹계의 끝판왕으로 불린다.

문화와 예술의 나라인 프랑스는 서양 식도락을 대표하는 나라 중 하나일 정도로 먹거리가 매우 발달했다. 동양요리를 대표하는 나라가 중국이라면 프랑스는 서양요리를 대표하는 나라로 인정받을 만큼 먹거리에 대한 프랑스인들의 자부심은 상상을 초월한다. 전 세계에 있는 모든 유명 레스토랑들이 높은 등급을 받고 싶어 하는 미슐랭 가이드[13]도 프랑스에서 시작된 것이니 맛있는 요리를 만드는 것은 물론 그런 요리를 평가하는 데 있어서도 프랑스의 위력을 충분히 느낄 수 있을 것이다.

원래 프랑스라는 나라는 와인과 치즈가 상징적이지만 디저트 분야에서도 마카롱과 칼리송(Calison)은 물론이고 다양한 디저트들이 전 세계 미식가들을 유혹하는 나라이다. 최근 한국에서 판매량이 급증하고 있는 마카롱은 사실 가격 면에서 그리 저렴한 디저트가 아니다. 한 입에 쏙 들어갈 만한 앙증맞은 크기의 동그란 과자 하나가 커피 가격을 능가하

---

13 미슐랭 가이드(Michelin Guide) : 공기주입식 타이어를 최초로 개발한 프랑스의 앙드레 미슐랭(André Michelin)이 설립한 미슐랭사에서 1900년 타이어 구매 고객에게 무료로 나누어주던 「레드 가이드(Red guide)」라는 안내 책자가 그 시초이다. 발행 초기에는 타이어 정보, 교통법규, 자동차 정비 요령, 주유소 위치 안내 등의 정보가 대부분이었는데, 1차 세계대전 이후부터 레스토랑 정보들을 수록하기 시작했다. 1930년대 초, 레스토랑을 대상으로 단계별로 별점을 매기다가, 1936년부터 본격적인 미슐랭 스타(Michelin Stars) 시스템이 도입되었다. 매년 봄, 전 세계 약 90여 개국에서 연간 1,700만 부 가량을 발매한다. 좋은 식당인지의 여부를 별의 개수로 평가하는데 통상 별 하나는 요리가 훌륭한 식당, 별 두 개는 멀리 찾아갈 만한 가치가 있는 식당, 마지막 별 세 개는 최고 등급으로 일부러 꼭 찾아가서 맛을 보아야만 하는 식당이다. 지금은 미식가들의 성서로 불릴 정도의 권위를 인정받고 있으며, 한국 서울 편은 2016년 이후 발행되고 있다.

는 경우가 비일비재한 고급 디저트이다. 커피 한 잔 마시러 갔다가 커피보다 더 비싼 돈을 주고 마카롱을 먹어야 하는 경우가 많을 정도이다.

그렇다면 프랑스 본토에서도 마카롱은 고급 디저트일까? 결론적으로 한국과 프랑스는 물론이고 전 세계 대부분의 나라에서 마카롱은 고급 이미지를 가지고 있다. 우선 만들기가 쉽지 않고, 서양의 고급 디저트라는 이미지, 그리고 마카롱이 사실 프랑스와 이탈리아 등 왕실 국가에서 왕족들이 주로 먹었던 디저트라는 이미지도 한몫하고 있을 것이다. 그렇다. 마카롱은 왕족들이 주로 먹던 디저트였다.

프랑스 마카롱이 워낙 대세이고 가장 유명하다 보니까 마카롱이 프랑스에서 가장 먼저 나온 것으로 알고 있을 수도 있다. 게다가 마카롱이라는 단어 자체가 프랑스어이기 때문에 더욱 그렇게 생각할 것이다. 그러나 여기서 한 가지 확실히 밝혀야 하는 것은 마카롱은 프랑스가 원조가 아니라는 사실이다. 사실 마카롱의 원조는 프랑스가 아닌 이탈리아이고, 이탈리아와 프랑스 왕실의 결혼으로 인해 프랑스로 전해졌다고 한다. 원래 이탈리아에서 처음으로 만들어졌을 때는 지금 우리가 즐기는 마카롱과는 조금 달랐다. 우리가 먹는 마카롱은 보통 양쪽의 쿠키 사이에 달콤한 크림이 들어 있는데, 원래 이탈리아에서는 크림 없이 쿠키만 먹는 형태로 만들어졌다. 즉 지금 우리가 먹는 마카롱은 이탈리아에서 만든 최초 형태의 쿠키 사이에, 크림을 넣어서 만들어 프랑스의 방식으로 변하고 발전한 것이다.

프랑스어인 마카롱(macaron)이라는 이름에 관한 여러 가지 이야기들이 전해오는데, 그중에서도 대표적인 것으로 그리스어에서 기인한 이탈리아어 마카로니(maccaroni)에서 유래했다는 설과, 다른 하나는 '섞는다'

수도원에서 유래한 낭시의 유명 디저트 가게 데 쇠르 마카롱.
이곳의 대표 디저트인 마카롱은 우리가 아는 마카롱과 모양이 좀 다르다.

라는 뜻의 이탈리아어 마카레(maccaré)에서 마카롱으로 옮겨졌다는 설이
있다.

　이탈리아에서는 별 인기가 없었던 마카롱은 프랑스에 들어와서 왕
실을 중심으로 인기를 끌었다. 프랑스에서는 왕실만큼 비중이 컸던 수
도원에서도 마카롱을 만들었다고 한다. 특히 프랑스 북동부 낭시(Nancy)
에 있는 수도원에서 수녀들을 중심으로 마카롱을 만들어 먹었는데 18세
기 말에 벌어진 프랑스대혁명으로 모든 게 바뀌었다. 혁명의 여파로 인
해 많은 수도원들이 문을 닫았고, 그곳에 있던 수녀들도 수도원을 떠날
수밖에 없었다. 낭시에 있는 수도원도 마찬가지여서 수녀들이 다 떠나
게 됐는데 졸지에 갈 곳을 잃은 수녀들이 자신들에게 은신처를 제공하
는 사람들을 위해 마카롱을 만들었다고 전해진다.

　참고로 초기 낭시 수도원에서 만들었던 마카롱은 엄밀하게는 지금
의 모양과 조금 달랐다. 지금도 낭시 지방에 가면 당시의 레시피대로 마
카롱을 만드는 유명한 제과점이 있다. '데 쇠르 마카롱(Des Soeurs Macarons,

직역하면 수녀들의 마카롱 혹은 자매들의 마카롱)'이라는 곳인데 지금 만들어지는 것처럼 색깔이 예쁜 마카롱이 아니고 표면이 소보로 과자처럼 울퉁불퉁한 것이 특징이다.

20세기 들어 파리의 유명 제과점 라 뒤레(La Durée)에서 쿠키 사이에 크림을 넣어 더 달콤하게 만들어 판매하기 시작하면서 마카롱은 선풍적인 인기를 끌었다. 특히 한국과 중국에서는 2000년대 들어 젊은이들의 여행 패턴에 큰 변화가 생겼는데 과거에 없었던 배낭여행[14]이 유행한 것이다. 이전에는 해외, 특히 유럽에 자유롭게 다니지 못했는데 1988년 서울 올림픽을 위해 정부에서 해외여행 자율화를 발표하면서 많은 젊은이들이 단체여행에서 탈피해 큰 배낭 하나만 달랑 둘러메고 자유롭게 여행을 떠날 수 있게 된 것이다. 덕분에 마음으로만 동경하던 유럽에 자유롭게 다녀올 수 있게 됐고, 특히 2000년대 이후에는 인터넷과 페이스북, 유튜브, 인스타그램 등 SNS 발달에 힘입어 많은 여행객들이 자신들의 일상을 사진으로 멋지게 찍어서 사진을 올리는 것이 유행하게 됐다. 이런 사진을 올리기 위해서는 멋지고 아름다운 사진들이 필요했고, 특히 유럽에서 인기를 끌던 마카롱, 칼리송 등의 디저트를 멋진 곳에서 먹는 모습을 찍은 사진들을 많이 올렸다. 그로 인해 많은 사람들이 마카롱의 존재에 대해 알게 됐고 특히 마카롱 특유의 예쁘고 화려한 색감으로 인

---

14 배낭여행 : 최소한의 경비를 가지고 배낭 하나를 메고 다닌다고 해서 '배낭여행'이라고 불린다. 기존 패키지 여행과의 차이점은, 배낭여행은 자신이 직접 여행지의 정보를 수집하고, 직접 스케줄을 짜고 모든 것을 스스로 결정한다는 점이다. 1988년 서울 올림픽을 대비, 1987년부터 해외여행 자유화가 본격적으로 시작되었다고 알려져 있다.

파리에 있는 라 뒤레 본점의 외관. 마카롱 '덕후'들의
성지로서 파리 여행자들의 필수코스가 됐다.

세계에서 가장 유명한 마카롱인
라 뒤레 마카롱

해서 많은 여성들에게 인기를 얻게 됐던 것이다.

특히 프랑스 마카롱의 원조인 과자점 라 뒤레의 고급화 전략과 마케팅이 대중들에게 크게 어필되면서 어느덧 마카롱은 최고급 디저트의 상징이 되는 데 성공한다. 라 뒤레는 파리에서도 가장 월세가 비싼 샹젤리제 대로에 본점이 있고, 한국이나 그 어느 나라에 매장을 내더라도 수도에 있는 고급 백화점에만 진출하는 마케팅을 쓰기 때문에 마카롱의 이미지가 점점 더 고급화의 길로 갈 수 있었던 것이다. 원래 프랑스의 왕실에서 주로 먹었던 디저트였으니 제과점 라 뒤레가 최고급화 전략을 사용한 것은 나름 타당했다고 볼 수도 있다.

이탈리아에서 처음 생겨난 마카롱이 프랑스로 갈 수 있었던 것은 프랑스와 이탈리아 사이에 있었던 정경유착에 의한 국제결혼을 통해서였다. 프랑스의 국왕 앙리 4세와 이탈리아의 최고 부자 가문인 메디치 가문 사이의 결혼이 그것이다.

마카롱이 프랑스 왕실의 전용 디저트였다고?

〈앙리 4세와 마리 드
메디시스의 결혼〉,
자코포 다 엠폴리,
1600

　가톨릭(구교)와 개신교가 벌인 오랜 전쟁과 내전을 겪으면서 프랑스
의 재정에 심각한 문제가 생긴다. 왕실을 유지하기 위해서는 반드시 막
대한 돈이 필요했는데 메디치 가문에는 돈이 충분했던 것이다. 한편 메
디치 가문은 돈도 많았고 예술적인 교양도 풍부했지만 한 가지 아쉬운
것은 왕실의 명예였다. 결국 1600년 10월 5일, 돈이 필요했던 프랑스 왕
실과 명예가 필요했던 메디치 가문에서 국왕 앙리 4세와 마리 드 메디시
스(Marie de Médicis)의 결혼을 성사시키게 된다. 이 결혼을 통해 프랑스 왕
실 사람이 된 마리 드 메디시스는 프랑스 왕실이 기대했던 막대한 결혼
지참금은 물론이고 그녀를 위한 요리사와 마카롱, 푸딩 등 새로운 먹거
리들을 가지고 오게 된 것이다(1533년 앙리 2세와 카트린 드 메디시스의 결혼 때
이런 디저트들이 프랑스로 왔다는 설도 있지만 본격적으로 마카롱이 프랑스 왕실에서

인기를 얻은 것은 1600년 이후부터였다).

마카롱은 1600년 이후 프랑스 왕실에서 인기를 끌면서 왕실이 주최하는 여러 성대한 행사에서 귀족들에게 주로 제공됐다. 특히 프랑스 역사상 최고로 강한 권력을 누렸던 대식가 태양왕 루이 14세와 마리 테레즈(Marie-Thérèse d'Autriche)의 결혼식에도 마카롱이 등장해서 왕족들과 귀족들에게 인기를 얻었다.

사람들의 입을 통해서 간간이 전해오던 마카롱 만드는 법은 1653년『프랑수아 피에르 드 라 바렌의 프랑스 제과 요리법(*François Pierre de La Varenne's Le Pâtissier François*)』이라는 책에 처음으로 등장하면서 본격적으로 알려지게 됐다. 이어서 1692년에는『잼과 술과 과일 요리를 위한 특별한 레시피(*Nouvelle Instruction pour les Confitures, les Liqueurs, et les Fruits*)』라는 책에도 마카롱을 만드는 방법이 실리면서 왕실과 귀족들을 중심으로 마카롱이 본격적으로 전해질 수 있었다. 지금 우리가 좋아하고 즐기는 마카롱은 원래 왕실 사람들과 귀족들만을 위한 디저트였던 것이다.

07

프랑스인들과 식사하려면 참을성이 필요하다고?

인간의 여러 가지 본능 중에서도 맛있는 음식을 향한 본능, 즉 식욕에 대한 본능은 매우 강하다고 한다. 살기 위해서 뭔가를 먹어야 하던 시절에는 그저 먹는다는 행위 자체로 만족할 수 있었지만, 많은 것들이 풍요로워진 현대는 그저 먹는 행위로 그치는 게 아니라 맛있는 것을 먹어야 하는 시대가 된 것이다.

최근 한국의 방송에서 과거에 비해 가장 많이 증가한 프로그램이 두가지 있다. 시청률에 좌우되는 방송 특성을 감안한다면 어떤 분야의 프로그램이 늘어났다는 것은 그 분야의 시청률이 제법 잘 나온다는 것을 의미하고, 이것은 곧 많은 사람들이 원한다는 방증이기도 하다. 과거보다 증가한 두 가지 방송 프로그램은 바로 예능과 먹거리 프로그램이다. 예능 프로그램은 연예인들이나 인지도 있는 사람들이 나와서 시청자들을 웃기고 재밌게 해주는 방송이고, 먹거리 프로그램은 말 그대로 음식

식을 나누느라 식사시간이 길어지는 것이다.

　대체로 프랑스인들이 누군가를 저녁에 초대한다면 그 시간은 대부분은 저녁 8시일 것이다. 8시부터 테이블에 앉으면 바로 식사 메뉴가 나오는 것이 아니고 약 1시간 가까이 가벼운 스낵과 음료수를 곁들여 다양한 이야기들을 나눈다. 고픈 배를 참다 보면 드디어 메인 식사를 하는 테이블로 자리를 옮기는데 거기서도 바로 식사가 나오지 않고 전식에 해당하는 가벼운 음식이 나와서 또 1시간 가까이 대화를 나누어야 한다. 이어서 드디어 본식인 고기 요리[15]가 나오면 이것을 먹으면서 또 1시간을 대화해야 하고, 달콤한 후식을 먹으면서 또 30분 이상 대화를 이어간다. 후식까지 다 먹고 나면 다시 테이블을 옮겨서 커피 혹은 차를 마시거나 아니면 와인을 나누면서 또 대화를 이어간다. 식사를 다 마치면 적어도 4~5시간이 훌쩍 지나가는데, 이 모든 과정은 대부분의 프랑스인들이라면 누구나 하는 일인 것이다. 오래전에 필자를 포함한 학교 친구들과 함께 초대받아서 참석했었던 프랑스인 가정에서는 저녁 8시에 시작된 식사가 그다음 날 새벽 5시 정도까지 이어진 적도 있었다.

　왜 프랑스인들은 이렇게 저녁식사를 하면서 대화하는 것을 좋아하고 오랜 시간을 들여서 식사를 하는 것일까? 어릴 때 밥 먹으면서 말하

---

15 고기 요리 : 프랑스를 비롯한 서양인들이 생각하는 메인 요리에는 반드시 고기가 있어야 한다. 고기가 빠진 음식은 가난한 사람들의 음식이라고 여겼기 때문이다. 예로부터 고기는 신분이 높고 명망 있는 귀족들이 먹는 음식이고, 반대로 콩을 비롯한 채소류는 가난한 사람들이 먹었다. 그래서 프랑스인들의 집이나 레스토랑에서는 메인 요리로 항상 고기가 나온다. 즉 고기는 높은 신분을 상징하는 대표적인 음식이었다.

면 할아버지들이 조용히 밥만 먹으라고 하시면서 꿀밤을 한 대씩 때리던 게 한국의 밥상문화 아니었던가. 한국과 비교하면 프랑스의 식탁문화는 완전히 정반대 스타일이다.

그렇다면 왜 프랑스인들은 밥 먹으면서 말하는 것을 그렇게 좋아하는 것일까? 그들은 식탁에서 밥만 빨리 먹는 것은 교양인의 행위가 아니라고 생각하기 때문이다. 프랑스인들은 식탁에서 맛있는 음식을 여유롭고 우아하게 나누면서 다양한 교양 지식을 이야기하는 것이야말로 참다운 교양인의 자세라고 생각한다. 아무리 배가 고파도 음식을 빨리 먹으면 안 되고 최대한 천천히 인내심을 갖고 우아하게 먹어야 하는 것이다.

식사할 때 인내심을 요구하는 것은 특히 고급 레스토랑일수록 더 심한데, 아무리 시간이 없고 바쁘더라도 웨이터를 먼저 부르는 것은 좋지 않다. 배가 고프고 음식을 빨리 먹고 싶다고 해서 열심히 일하고 있는 웨이터를 재촉하거나 그를 부르는 행위들은 모두 교양인의 미덕이 아니라고 생각하기 때문이다. 교양인으로 남고 싶은 사람이라면 그저 인내심을 갖고 묵묵히 기다려야 한다.

사실 전식, 메인 요리, 후식, 커피로 이어지는 프랑스 레스토랑에서의 이런 격식 있고 우아한 식사 순서도 프랑스 고유의 문화가 아니고 러시아에서 유래됐고, 나이프와 포크는 이탈리아에서 전해졌다는 것을 생각하면 프랑스인들이 이처럼 식탁에서 교양인 행사를 하는 것이 의아하지만 로마에서는 로마법을 따르라고 한 것처럼 극강의 인내심을 갖추고 프랑스인들과 식사를 해야 할 것이다.

제1부 빵과 치즈와 와인의 천국, 프랑스

08

프로방스에서는 마카롱보다 칼리송이 더 유명하다고?

프랑스는 미식의 나라, 와인의 나라, 빵의 나라답게 먹는 것에 관해서는 정말 둘째가라면 서운한 나라이다. 고작 입속으로 들어가는 음식을 기어코 예술의 경지로까지 끌어올린 나라이니 두말하면 잔소리다. 음식과 레스토랑을 평가하는 데 세계 최고의 명성을 가진 '미슐랭 가이드'에 목숨 거는 나라이기도 한 프랑스에서는 실제로 미슐랭 가이드 최고 등급인 별 세 개를 받았던 레스토랑의 셰프가 그 다음해 별 한 개로 떨어졌다고 해서 자살을 한 적도 있다. 이처럼 음식에 관해서 세계 최고의 자부심을 가진 프랑스에는 와인이나 빵 말고도 다양한 디저트도 유명하다.

프랑스를 대표하는 디저트를 하나만 꼽으라면 아마도 많은 한국인들은 그 이름도 유명한 마카롱을 꼽을 것이다. 몇 년 전부터 인스타그램, 유튜브 등에서 선풍적인 인기를 끈 마카롱은 이미 한국에서도 프랑스만큼 많이 팔리고 유명해졌다. 파리를 여행하면 당연한 것처럼 유명 마카롱 상점에 가서 마카롱을 구입하고 사진을 찍어서 올리는 것이 당연한 일정처럼 여겨질 정도니 그 인기를 짐작할 수 있을 것이다.

그러나 이처럼 인기 절정인 마카롱도 한 수 고개 숙이는 곳이 있으니 바로 프랑스 남부 프로방스 지방이다. 끝없이 펼쳐진 라벤더 밭으로 유명한 프로방스 지역에 마카롱의 인기를 능가하는 디저트가 있는 것이다. 바로 칼리송(Calissons)이다. 칼리송은 칼리송 덱스(Calissons d'Aix), 즉 엑스(프로방스에 속한 지역)의 칼리송이라고도 불리니, 엑스를 포함한 프로방스 전 지역에서 가장 유명한 디저트일 것이다.

사계절 내내 즐길 수 있는 디저트지만, 특히 12월에 프로방스를 방문한다면 어느 상점, 마트를 가더라도 금방 발견할 수 있다. 아몬드 가루를 비롯하여 다양한 천연재료로 만든 칼리송이 유명해지면서 프로방스를 여행하는 사람들이 반드시 구입하는 디저트가 됐는데 1년에 800톤 이상의 칼리송이 소비된다고 하니 그 인기가 엄청나다 할 것이다.

칼리송의 기본 재료는 아주 간단해서 정통 칼리송에는 딱 세 가지만 들어간다. 먼저 가장 중요한 재료는 지중해 아몬드 가루다. 이 가루에 과일 설탕절임, 그리고 오렌지향 원액과 아몬드향 원액으로 만든 쫀득한 반죽 위에 계란 흰자와 슈가글라스로 머랭처럼 하얀 글라스 로열(Glace royale)[16]을 발라서 만든다. 갈색의 아몬드 반죽 위에 하얀 글라스 로

---

16 글라스 로열 : '로열 아이싱'이라고 하는데, 달걀 흰자와 물을 특별 조리 도구에 넣고 잘 저어서 흰 거품을 만드는 것이다. 이렇게 해서 만들어진 달콤한 거품을 잘 만들어진 아몬드 반죽 위에 바르는데 이렇게 만들어진 오리지널 칼리송이 전체 생산량의 약 70%를 차지한다고 한다.

프로방스의 칼리송 원조 상점 칼리송 뒤 로이 르네. 간판 맨 아래에 1920년이라는 연도가 쓰여 있다. 오른쪽은 이 상점에서 판매하는 선물용 칼리송

열을 발라서 만드는 게 오리지널인데 요즘에는 딸기색, 바나나색, 오렌지색, 초콜릿색 등 다양한 색깔의 칼리송도 만들어지고 있다. 갈색의 아몬드 반죽은 껍질을 벗긴 아몬드를 으깨어 설탕에 절인 과일과 따뜻한 시럽을 넣어서 오븐에 굽는 게 아니고 증기로 쪄서 만들어낸다. 이런 과정을 거쳐 만들어진 아몬드 반죽에 과일향 원액을 넣고 3일 동안 잘 말린 다음 칼리송 장인들에게 넘겨져서 드디어 달콤한 칼리송이 탄생하는 것이다.

마카롱을 좋아하는 여행자들이 파리에 가면 반드시 들러야 하는 곳이 라 뒤레라고 한다면, 엑상프로방스를 여행하는 여행자들이 칼리송을 사기 위해서 반드시 들러야 하는 곳이 바로 칼리송 뒤 로이 르네(Calissons du Roy René)이다. 엑상프로방스 지방에는 이 지역의 특산품이자 명물인

프로방스에서는 마카롱보다 칼리송이 더 유명하다고?

칼리송을 파는 상점들이나 마트가 많지만 그중에서 가장 유명한 칼리송 뒤 로이 르네는 1920년부터 칼리송을 만들기 시작한 칼리송의 원조 상점이다. 원조라는 것을 강조하기 위해서 가게가 1920년에 세워졌다는 것을 간판에 자랑스럽게 적어놓고 있다.

프로방스 지방의 대표 디저트인 칼리송의 유래에 대해서는 대체적으로 두 가지 설이 내려온다. 하나는 칼리송이 '왕비의 디저트' 혹은 '왕비를 웃게 한 디저트'라고 불리는 데서 알 수 있는 것처럼 왕실과 관련된 이야기다. 마카롱도 왕실의 디저트였는데 칼리송도 마찬가지였다는 것이다.

때는 15세기 중반인 1454년, 프랑스 앙주(Anjou) 지방의 왕인 로이 르네(칼리송 원조 상점의 이름이 바로 왕의 이름을 딴 것이다)가 라발 지방의 잔 드 라발(Jeanne de Laval) 공주와 결혼을 했다. 옛날 프랑스에서는 결혼을 하면 여성이 남성을 따라가는 게 일반적이었기에 잔도 남편인 로이 르네를 따라서 부모와 고향을 떠나온다. 요즘으로 치면 향수병이나 우울증 정도였을 텐데, 슬픔에 잠긴 잔은 웃음을 잃었다고 한다. 음식도 먹는 둥 마는 둥 하면서 웃음을 잃은 아내를 위해 왕은 궁궐의 요리사들에게 특별 음식을 해서 잔에게 먹게 하라고 했지만 그 어떤 맛있는 음식도 잔의 입맛을 사로잡지 못했다. 그러던 어느 날, 왕의 전담 요리사가 당시 궁궐에 있던 아몬드 가루와 과일 조림을 이용해서 달콤한 디저트를 만들었는데 이것을 먹은 잔이 드디어 웃음을 보였다. 감미로운 디저트를 먹은 왕비 잔이 하녀들에게 "이 디저트가 매우 달콤하다(Ce sont des calins)"라고 했는데, '달콤한, 감미로운'이란 뜻의 형용사 칼렝(Calins)에서 칼리송(Calissons)이란 어휘가 나왔을 것이라고 추정된다.

칼리송 박물관

다른 하나의 설은, 프랑스 국왕과 결혼한 이탈리아의 메디치 가문에서 마카롱을 혼수품과 함께 보내서 프랑스에 전수했던 것처럼, 칼리송도 로이 르네 국왕이 이탈리아와 교류하는 중에 자연스럽게 프랑스로 들어왔으리라는 것이다.

칼리송의 유래에 관해 두 가지 이야기가 전해지지만 결론은 칼리송도 마카롱처럼 왕실의 디저트였다는 사실이다. 그러므로 프랑스를 여행하는 여행객은 파리에서는 라 뒤레 상점의 마카롱을 사고, 프로방스 지방을 여행할 기회가 있다면 우울증에 걸린 왕비에게 웃음을 주어 치유했던 왕실의 디저트, 칼리송을 꼭 사보라. 힘든 여행의 피로를 씻어줄 것이다.

칼리송은 단순한 디저트 한 조각이 아닌 프로방스를 상징하는 역사와 문화가 있는 특별한 디저트이다. 그래서 프로방스 지역에서는 '칼리송 박물관'까지 운영하면서 칼리송의 품질을 관리하고 있다.

프로방스에서는 마카롱보다 칼리송이 더 유명하다고?

09

프랑스에서는 치즈가 신분을 상징했다고?

앞에서 바게트가 옛날에는 신분을 상징하는 빵이었다고 언급했었다. 즉 신분의 높고 낮음에 따라 살 수 있는 바게트 빵 색깔이 달라서 신분이 높을수록 색이 연한 빵을 먹었고, 반대로 가난한 사람들은 색이 짙은 시커먼 바게트를 먹었다. 이는 신분제가 기승을 부리던 중세 시대부터 근대까지 아주 흔한 일이었다. 이처럼 프랑스인들이 식사 때마다 디저트처럼 식후용으로 내놓는 치즈도 신분에 따라 먹는 치즈가 달랐었다. 즉 옛날에는 바게트나 치즈, 와인도 마찬가지로 신분에 따라 차등을 두어서 먹었던 것이다.

이에 대해서는 우리나라도 마찬가지라고 하는 사람들도 있다. 예를 들면 소고기가 그렇다고 한다. 누구는 비싼 한우 꽃등심만 먹고, 또 누구는 값싼 수입산 소고기를 먹는 것을 두고 하는 말일 것이다. 신분제는 철폐됐지만 대신 현대사회는 경제력에 의해 많은 것들이 달라지는 사회이니, 돈이 많고 적음에 따라 먹는 것이 달라지는 것이 어찌 보면 당연할 수도 있는 것이다.

다시 돌아와서 여러분은 치즈를 좋아하는가? 좋아한다면 과연 몇 종류의 치즈 이름을 알고 있는가? 치즈는 유럽 대부분의 나라에서 많이 먹는 음식이지만 그중에서도 프랑스 사람들의 치즈 사랑은 정말 각별하다 못해 특별할 정도다. 1인당 연평균 25킬로그램 이상을 소비할 정도로 전 세계에서 가장 많이 치즈를 먹는 나라가 프랑스이고, 가장 많은 종류의 치즈를 생산하는 나라가 프랑스이다. 한마디로 치즈는 와인과 더불어 프랑스인들에게 그들의 정체성과도 같은 특별한 음식이라고 할 수 있다. 그래서 프랑스에서는 와인처럼 치즈도 국가가 나서서 그 품질을 관리하는데, 와인에 붙는 AOC(원산지 품질관리제도)[17] 라벨이 치즈에도 붙을

---

17 AOC(Appellation d'Orgine Controlée) : 직역하면 '원산지 명칭 통제' 정도 된다. 프랑스의 농산품과 식료품 분야에서 국가가 법규로 원산지 표기를 통제하며 매우 중요하게 관리된다. 특히 프랑스 정부는 1935년 AOC법을 만들어서 특히 고급 와인을 생산하는 포도원에 엄격하게 적용하며 관리하고 있다. 이 법은 포도 재배 지역의 지리적 경계와 명칭은 물론이고 와인을 만드는 데 사용되는 포도의 종류, 재배 방법, 단위 면적당 어느 정도 생산할지에 관한 수확량의 제한 그리고 와인의 알코올 도수까지 관리하고 있다. 이와 같은 프랑스 정부의 엄격하고 철저한 품질 관리로 인해서 프랑스 와인은 세계 최고의 와인이자 고급 와인의 상징으로 자리 잡았다.
프랑스에는 약 450여 개의 각기 다른 AOC가 있으며, 총생산량의 약 35%를 차지하고 있다. 이를 통해서 유명한 지역의 포도나 치즈의 원료인 원유가 다른 곳으로 흘러 들어가는 것을 방지하고, 아무 곳에서나 와인과 치즈를 만드는 행위를 금지하고 있다. 이 제도를 통해 각 지역별로 독특한 특산품을 만들어서 유지할 수 있을뿐 아니라, 소비자들도 이런 과정을 통해서 생산된 와인과 치즈를 믿고 구입할 수 있다. 프랑스는 최고 와인을 관리하는 AOC에 이어 2등급인 VDQS(Vins Delimite de Qualite Superieure, 우수한 품질 포도주), 3등급 VDP(Vins de Pays, 지방 포도주) 그

한국에서 가장 인기 있는
모차렐라. 삶은 달걀 혹은 찐빵
모양이다.

정도로 철저히 관리를 하고 있다.

한국 사람들은 프랑스 와인이나 마카롱, 바게트 등은 자주 접해도 치즈는 그리 자주 먹지 않기 때문에 아마도 치즈 종류를 많이 알지는 못할 것이다. 필자 역시 프랑스에 오래 거주하면서 다양한 치즈들을 즐겼지만 좋아하는 몇 가지 외에는 잘 모르는 형편이다.

프랑스 사람들이 까다로운 이유는 치즈의 종류가 너무 많아서라는 말이 있을 정도로 프랑스 치즈의 종류는 정말 상상을 초월하는데, 대략 300종이 넘는다고 한다. 오죽했으면 제2차 세계대전 때 나치 독일에 맞서서 프랑스의 저항운동을 이끈 국부 샤를 드골(Charles De Gaulle, 파리의 관문인 샤를 드골 공항이 바로 이 사람 이름에서 나왔다)이 다음과 같은 유명한 말을 남겼을까. "300가지가 넘는 다양한 치즈를 매일 먹으며 사는 사람들

리고 마지막으로 가장 저렴한 4등급인 VDT(Vins de Table, 테이블 와인)에 관한 규정을 차례로 추가해서 지금의 와인 등급체계를 갖췄다. AOC 관리 품목은 와인에서 처음 시작해서 생수, 올리브유, 과일과 채소, 꿀 등까지 점점 그 영역을 확장하고 있다. 프랑스 치즈의 경우는 1990년부터 본격적으로 AOC를 통해 그 품질을 프랑스 정부가 나서서 철저히 관리하고 있으며, 이런 노력으로 프랑스 치즈도 와인처럼 세계 최고의 명성을 얻은 것이다.

다양한 치즈들

을 어떻게 만족시키며 잘 다스리기를 바라는가?" 드골은 나치를 피해 영국 런던으로 가서도 자유 프랑스를 이끌며 프랑스의 독립을 위해 싸웠던 인물로 후에 프랑스의 초대 대통령이 됐는데, 그런 드골도 정치를 하면서 변덕 심하고 까다로운 프랑스인들에게 질렸던 모양이다.

　모든 면에서 까다로웠던 프랑스 국민들을 그들이 매일 식사 때마다 먹는 치즈의 다양함에 비유한 것인데, 그 정도로 프랑스에는 정말 너무나 많은 치즈들이 있다. 또한 "치즈가 빠진 식사는 한쪽 눈이 없는 외눈박이 미인과 같다"는 프랑스 유명 식도락가의 말도 자주 회자되는데, 이처럼 프랑스의 식사문화에서 치즈는 와인과 더불어 절대로 빠질 수 없고, 만약 저녁 만찬에 여러 종류의 치즈가 나오지 않는다면 그들은 아마도 그날 식사에 절대로 만족하지 않을 것이다. 그 정도로 치즈는 프랑스에서 정말 중요한 메뉴인 것이다.

　치즈가 얼마나 중요한지 많은 레스토랑에서는 저녁 메뉴판에 식전 음식-메인 음식-디저트 그리고 디저트 후에 따로 치즈를 내놓을 정도이다. 보통의 프랑스 가정에서도 메인 요리를 먹은 후에 세 종류 이상의 치즈를 내놓는 경우가 흔하다. 만일 당신이 프랑스 가정에 초대받아서 프랑스인들과 함께 저녁식사를 한다고 하면 아마도(거의 100%) 여러 종류

프랑스에서는 치즈가 신분을 상징했다고?

의 치즈를 올려놓은 나무 도마가 나올 것이다. 그러면 프랑스인들은 각자 먹고 싶은 치즈를 칼로 조금씩 잘라서 자기 접시 위에 놓고 남은 와인과 바게트를 같이 먹는다. 단 여기서 주의할 점이 하나 있는데, 치즈가 맛있다고 해서 너무 많이 먹는 것은 실례가 될 수도 있다는 것이다. 치즈를 너무 많이 먹는다면 당신을 초대한 집 주인은 아마도 자신이 제공한 그날의 메인 요리가 맛이 없었거나 너무 양이 적었다고 생각할 수도 있기 때문이다. 그래서 프랑스인들도 메인 요리 후에 나오는 치즈는 그렇게 많이 먹지 않는 경우가 일반적이다.

그렇다면 치즈는 과연 어떻게 신분과 계급을 상징할 수 있었을까? 바게트는 순수한 밀가루로 만들어서 색이 연할수록 좋은 것, 여러 잡곡이 섞여서 검은색에 가까울수록 나쁜 것으로 구분했는데 치즈는 어떨까? 치즈는 바게트와 달리 색깔로 구분하지 않았고 시간, 즉 숙성기간으로 신분과 계급 그리고 경제력을 구분했다.

숙성기간이라는 것은 말 그대로 어떤 음식을 만들 때 얼마나 오랜 시간 정성을 들여서 그 음식을 만드느냐 하는 것이다. 그러므로 숙성기간이 길다는 것은 그만큼 만드는 사람의 시간과 정성이 더 많이 들어갔다는 말이다. 그래서 숙성기간이 짧은 것보다는 숙성기간이 긴 것이 더 좋은 음식이 되는 것이다. 모든 음식에 다 해당되지는 않지만 숙성을 필요로 하는 와인, 위스키 등을 보면 잘 알 수 있다. 만든 지 10년 된 와인, 위스키와 100년 된 와인, 위스키의 가치는 아마도 하늘과 땅 차이만큼 벌어질 것이다.[18]

---

18 2018년 뉴욕에서 열렸던 소더비 경매에서 위스키와 와인의 역사를 갈아치운 낙찰

치즈도 와인이나 위스키처럼 숙성기간이 반드시 필요한 음식이기 때문에 가치를 판단하는 데 있어서 숙성기간은 매우 중요한 기준이었던 것이다. 가난하고 신분이 낮은 사람들은 치즈 같은 필수식품들을 오래 숙성할 만한 여력이 없어 바로바로 먹어야 했고 부자들이나 신분이 높은 사람들은

세계 최고가 와인 로마네콩티.
한화로 6억 5,500만 원

편의점 GS25에서
파는 최고가
와인 로마네콩티,
5,280만 원

반대로 오랜 시간 숙성시킬 여력이 있었다. 그래서 일반적으로 가난한 집안에서는 숙성 기간이 몇 달 안 되는 짧은 치즈를 주로 먹었고, 귀족이나 부유한 집안에서는 대부분 적어도 6개월 이상 숙성된 치즈를 먹었던 것이다.

15세기경까지 프랑스에서는 식탁에 어떤 치즈가 오르는지에 따라 그 집안의 신분과 부유함을 한눈에 알 수 있었다고 한다. 이처럼 치즈가

가가 나왔다. '맥캘란 파인앤레어 1926'이라는 이름의 위스키는 60년 이상 숙성한 제품이었는데 무려 145만 2,000파운드(약 21억 8,733만 원)에 낙찰됐다. 세상에서 가장 비싼 와인은 프랑스 부르고뉴산 '로마네콩티'가 기록을 세웠다. 전 세계 와인 애호가들에게 전설의 와인으로 불리는 로마네콩티는 웬만한 일반 와인 가격도 가볍게 1,000만 원이 넘는데, 2018년 경매에서는 1945년산이 무려 55만 8,000달러(약 6억 5,500만 원)에 낙찰되며 최고가를 기록했던 것이다.

신분은 물론이고 부유함을 상징하는 척도로 여겨졌기 때문에 신분이 높은 상류층 사람들은 존경하고 사랑하는 사람들에게 와인과 함께 치즈를 선물하기도 했는데 이런 전통이 지금까지 이어져오고 있는 것이다. 그래서 프랑스 사람의 초대를 받으면 와인이나 좋은 치즈를 사 가는 경우가 아주 많다.

한국에서는 최근 들어 신종 어휘가 하나 생겼는데 바로 '보복소비'라는 말이다. 2020년 1월부터 시작된 코로나-19의 세계적인 팬데믹으로 인해 해외여행 등이 불가능해지고 재택근무가 늘어나면서 의도치 않게 돈을 모으게 된 사람들이 갑자기 평소에 잘 안 사던 비싼 제품들을 많이 소비하는 것을 보복소비라고 한다. 이런 현상으로 소비 양극화가 심화됐다고 사회학자들이 걱정하는데, 프랑스에서도 이와 비슷한 현상이 발생해서 고급 와인과 치즈 소비가 확연히 증가했다고 한다.[19]

치즈는 도대체 언제, 어떻게 해서 인류에게 전해진 것일까? 보편적으로 치즈의 역사는 기원전 3500년경까지 거슬러 올라간다. 메소포타미아 지방의 점토판 문서에 치즈를 만드는 방법이 기록되어 있는데, 발굴된 유적에서 치즈를 만들 때 쓴 것으로 추정되는 기구로 보이는 토기가 출토되기도 했다. 또한 고대 이집트의 벽화 중에 치즈나 버터를 제조하는 과정이 그려진 그림도 발굴됐는데 이로 미루어 적어도 기원전 3500

---

19 프랑스 아그리메르(France AgriMer)와 캉탈(Kantar)의 조사에 의하면 2020년에 치즈 판매량이 8%나 증가했다고 한다. 8% 증가는 상당히 의미 있는데 참고로 2019년에는 겨우 2% 증가했던 것이다. 특히 치즈를 듬뿍 얹은 피자 배달이 급증하면서 피자에 들어가는 모차렐라(mozzarella)의 판매량이 가장 많이 증가하여, 무려 21%나 증가했다.

에멘탈 치즈   카망베르 치즈   라클렛 치즈

년 이전부터 치즈가 만들어졌을 것으로 보고 있다. 게다가 기원전 900년
의 유명 작품인 호메로스의 『오디세이아』에도 치즈를 만드는 과정과 관
련된 묘사가 나오는데, 당시의 풍습으로는 아마도 양젖으로 치즈를 만
드는 제조법일 것으로 추정한다.

좀 더 후대로 오면 고대 그리스의 철학자인 아리스토텔레스, 히포크
라테스 등이 치즈를 만드는 동물의 젖과 치즈의 영양 관계 등에 대해서
기록을 남긴 것이 있다. 로마 시대의 유명한 농업학자가 아직 딱딱한 먹
이를 먹지 않은 어린 양의 네 번째 위에서 추출한 레닛[20]으로 우유를 단
단히 응고시켜 치즈를 만드는 방법을 자세하게 기술해놓은 것이 전해지
고 있다.

한국인들에게 있어서 절대로 빠질 수 없는 음식 혹은 외국에 갔을 때
도 가장 많이 생각나는 음식은 김치와 된장국이 아닐까? 우리에게 김치
와 된장국이 영혼의 음식이라면, 프랑스인들에게는 치즈가 그것이다.

---

20 레닛(Rennet) : 되새김질을 하는 동물 중 아직 고체 먹이를 먹지 않은 새끼의 네 번
째 위에서 추출한 효소. 치즈를 만들기 위해서는 우유 원액을 단단하게 응고시키는
과정이 반드시 필요한데, 응고시키는 역할을 하는 것으로 동물성 레닛, 엉겅퀴에서
추출한 식물성 레닛 등이 있다.

흔히 프랑스인들의 인생에서 빠질 수 없는 세 가지를 꼽으라면 와인과 바게트 그리고 나머지 하나가 바로 치즈일 정도로 프랑스인들에게는 절대적인 것이다. 참고로 지난해 프랑스에서 가장 많이 팔린 치즈 1위는 에멘탈(emmental), 2위는 카망베르 그리고 3위는 스위스 대표 요리인 퐁뒤(Fondue)에 쓰이는 라클렛(raclette) 순이었다.

10

교황의 와인이 있다고?

바게트, 크루아상, 치즈, 에스카르고(달팽이 요리), 그리고 푸아그라(거위 간 요리)까지 이 모든 프랑스를 대표하는 먹거리들이 가장 좋은 맛을 내기 위해서 꼭 필요한 한 가지가 있다면 그것은 무엇일까? 혹은 세계 최고의 미식을 자랑하는 프렌치 스타일 식사를 완성시켜주는 것이 있다면 무엇일까? 프랑스인들은 식사시간에 이게 없다면 분명히 2% 부족한 식사라고 할 것이다.

음식에 조금이라도 관심이 있거나 혹은 프랑스 요리에 조예가 깊은 사람이라면 위 질문에 금방 답을 할 것이다. 그렇다. 프렌치 스타일 식사를 예술의 경지로 끌어올리기 위해서 필요한 한 가지는 바로 와인이다. 멋진 프랑스 요리가 차려진 식탁에 와인이 없다면 아마도 프랑스 사람들은 절대로 용서하지 않을 것이다. 와인이 빠진 식탁은 아무리 화려하게 테이블을 세팅한다고 해도 절대로 빛날 수 없다고 믿는 사람들이 바로 프랑스 사람들이니까.

그만큼 프랑스 사람들의 와인 사랑은 전 세계에서 가장 뜨겁다. 독일 사람들이 식사하면서 맥주를 물처럼 마시듯이, 프랑스 사람들이 물처럼 마시는 게 바로 와인이다. 소고기처럼 붉은색 고기를 먹을 때는 반드시 레드와인이 있어야 하고, 닭고기나 생선처럼 흰색 고기를 먹을 때는 반대로 화이트와인을 마시는 게 거의 정석이다.

2002년 한여름, 한국에서 월드컵을 개최하면서 한국인들은 처음으로 길거리 응원이라는 새로운 응원문화를 만들어냈다. 당시 한국 경기가 있는 날이면 경기장에 모인 수만 명의 응원단들이 모두 하나같이 붉은색 티셔츠를 입고 열광적으로 응원하면서 '붉은 악마'라는 신조어가 생겨났다. 경기장에 모인 사람들뿐만 아니라 경기장 밖에서 응원하던 수천수만 이상의 사람들도 하나같이 붉은색 옷을 입고 자국 팀을 응원하는 모습은 전 세계 시청자들에게 굉장히 큰 문화적 충격을 안겨줬다.

당시 저렇게 열광적인 응원을 마친 사람들은 열심히 응원하느라 허기진 배를 채우고 더위를 날려버릴 무엇인가를 찾았는데, 그게 바로 시원한 맥주였고 가장 잘 어울리는 안주가 치킨이었다. 이런 과정을 거쳐서 치킨과 맥주의 조합, 즉 '치맥'이라는 한국의 새로운 먹거리 문화가 생겨났다. 이렇게 맥주가 많은 한국인에게 인기를 얻으면서 국민음료가 됐다면, 프랑스에서는 와인이 바로 그런 음료였던 것이다. 프랑스인들은 더위를 식히기 위해 센강에 나가서 쉴 때도, 캠핑을 가서 모닥불 주위에 모여 앉았을 때, 혹은 가족들과 바닷가에 휴가를 가서도, 늘 손에 맥주보다는 와인과 바게트를 들고 가는 것을 생활화하는 사람들이다.

하루에 적어도 한두 번 이상 바게트와 와인을 먹지 않는 프랑스인들

2002년 월드컵 기간 중
경기장과 시청 앞 광장을 붉게
물들였던 응원단.
세계 어디에도 수만 명이 같은
색깔의 옷을 입고 응원하는
나라는 없었다.

은 아마도 없을 것이라고 하니 그들의 와인 사랑이 얼마나 큰지 짐작할 수 있을 것이다. 프랑스는 와인 생산량 세계 2위의 국가이고, 특히 와인 소비량에 있어서는 압도적으로 세계 1위를 차지했다.

프랑스 국토의 거의 모든 지역에서 와인을 생산하지만, 그중에서 보르도(Bordeaux) 지역에서 나오는 와인과 부르고뉴(Bourgogne) 지역에서 나오는 와인이 가장 유명할 것이다. 보르도 지방은 프랑스 서쪽에 있는 지방이고, 부르고뉴는 디종(Dijon)이라는 도시를 중심으로 한 동부에 위치해 있다.

프랑스에서 유명한 것을 꼽으라면 TGV(고속열차)부터 문화와 예술 그리고 미식의 명성이 자자하지만, 그중에서도 프랑스를 상징하는 것은 누가 뭐라 해도 와인이다. 지금에야 칠레나 이탈리아, 미국 등 여러 나라의 와인들이 수입되면서 과거만큼 프랑스가 독보적인 자리를 확보하지는 못하지만, 그럼에도 불구하고 최고의 와인으로 가장 먼저 언급되는 것 역시 프랑스 와인일 것이다.

프랑스에서 와인은 역사가 오래된 만큼 유구한 전통을 자랑하지만 그렇다고 해서 옛날부터 세계 최고의 와인을 만들었던 것은 아니다. 그

프랑스 와인 산지

서쪽 대서양 연안에 보르도,
독일 국경과 가까운 동쪽에
부르고뉴 지역이 있다.
부르고뉴 위에는 샹파뉴
지역이 있는데, 샹파뉴가
바로 샴페인이다.

렇다면 프랑스의 수준 높은 와인들은 언제부터, 어떤 계기로, 그리고 어떤 역사를 거쳐서 탄생하게 된 것일까?

이에 대한 답을 하기에 앞서 포도로 만든 와인이 반드시 사용되었던 장소가 어디였을지를 생각하면 흥미로울 것이다. 와인이 많은 사람들의 입맛을 사로잡아 인기를 끌게 된 배경에는 바로 중세 유럽 정신세계를 주도하던 종교, 가톨릭이 깊숙이 자리하고 있다. 앞에서도 언급했듯이 중세 유럽은 종교, 그중에서도 가톨릭이 정치를 비롯한 모든 것을 지배하고 세상의 중심으로 군림하던 사회였다. 가톨릭은 미사, 즉 예배를 가장 중요시했는데, 예배를 더 중요하게 빛내주는 것이 바로 예배 중에 거행되는 성찬식(애찬식)[21]이었다.

21 성찬식 : 그리스도의 십자가 죽음을 기념하는 예식. 헬라어 '유카리스테인'에서 유

웅장한 아비뇽 교황청.
세계에서 가장 유명한 아비뇽 연극축제를 교황청 마당에서 7월부터 3주간 거행한다.

성찬식의 핵심은 세례를 받은 성도들이 예수 그리스도의 피와 살을 함께 나누는 의식이었는데, 이때 반드시 필요한 것이 바로 예수의 살을 상징하는 빵과 예수의 피를 상징하는 포도주, 즉 와인이었다. 특히 미사

래한 용어로, 이는 '감사'를 의미한다. 성찬식은 예수 그리스도가 체포되기 전에 제자들과 가진 최후의 만찬을 기념하기 위한 의식이다. 예수는 유월절 빵(성서에는 '떡'이라고 되어 있다)을 제자들에게 잘라주며 "이것은 내 몸이니라"고 말했고, 술잔을 건네며 "이 잔은 내 피로 세운 새 언약이니 이것을 행하여 마실 때마다 나를 기념하라"고 말했다. 이때부터 가톨릭과 기독교(개신교)에서는 성찬식과 세례를 가장 중요한 의식으로 여기고 있는 것이다.

아주 일찍부터 기독교도들은 예수가 가르친 대로 종교적 모임을 가질 때마다 이 의식을 거행했다. 서기 1세기, 초기 기독교도들은 로마를 비롯한 주변국들에게 많은 핍박을 받았는데, 그 원인 중 하나가 바로 이런 의식 때문이었다. 로마제국이 기독교도들을 핍박할 때 그 명분으로 내세웠던 것도 바로 성찬식이었는데, 기독교도들이 예수의 살을 먹고 피를 마신다고 이야기한 것을 진짜 사람의 피와 살을 먹는 것으로 오해했었기 때문이다. 이러한 오해로 인해 기독교도들은 인신제사와 식인의 풍습을 행한다는 비난을 받아야만 했다. 물론 성찬식에서 기독교도들이 실제로 먹고 마시는 것은 사람의 피와 살이 아닌 빵과 포도주였음에도, 식인에 관한 소문은 초기 기독교도들이 로마제국의 핍박과 박해를 받은 원인이 되었다.

에 유명한 사람이나 높은 지위의 사제라도 참석하면 품질이 좋은 포도 주를 사용해야 했다. 제국의 황제나 대제사장이 참석하는 예배의 성찬 식에서 질 나쁜 포도주를 낸다는 것은 매우 불경한 죄악으로 여겼다. 그 러므로 모든 수도원과 와인을 생산하는 와이너리(농장)에서는 최대한 품 질이 좋은 와인을 만들어야만 했는데 일종의 선의의 경쟁이 됐던 것이 다. 이것이 바로 프랑스 남쪽 지방(특히 교황청이 있었던 아비뇽 지방을 중심으 로)에서 와인 제조가 발달하는 계기가 됐고 결국 세계 최고의 품질을 가 진 포도주의 나라로 발전하는 중요한 원동력이 된 것이다.

결론적으로 중세에 전 세계 가톨릭의 수장인 교황이 프랑스 남부도 시인 아비뇽에 살면서부터 프랑스 와인이 발달하게 됐던 것이다. 질 좋 은 포도주가 생산되기 위해서 반드시 필요한 것이 높은 일조량인데, 북 부나 중부에 비해 남쪽이 훨씬 일조량이 풍부해 좋은 품질의 포도주를 만들어낼 수 있었다.

아비뇽에서도 처음부터 좋은 포도주를 생산한 것은 아니다. 아비뇽 유수[22] 이전과 이후로 와인의 품질이 확연히 달라졌다. 그 이유는 무엇

---

22 아비뇽 유수(Avignon Captivity) : 1309년부터 1377년까지 7대에 걸쳐 이탈리아 바 티칸에 있던 로마 교황청을 남프랑스 론(Rhône) 강변의 작은 시골도시인 아비뇽으 로 강제 이전한 사건을 말한다. 아비뇽은 파리에서 거의 1,000킬로미터나 떨어져 있는 남부의 소도시다. 13세기 말부터 종교권력을 누르고 세속권력이 강해지자 당 시 프랑스 국왕 필리프 4세는 교황 보니파시오 8세와 대립하여 아나니 사건(1303) 을 일으켰고 교황의 권력을 제지했다. 교황과 국왕의 대결은 중세 내내 이어졌지만 당시는 국왕이 우위를 차지했고, 그 결과 1305년 선출된 프랑스인 교황 클레멘스 5 세는 프랑스 국왕의 기세에 눌려서 교황청이 있던 로마로 들어가지 못한 채 프랑스 아비뇽에 체류하게 되었다. 제6대 교황 우르반 5세 때 일시적으로 로마로 복귀하였 으나 교황청의 주요 기능은 계속 프랑스 아비뇽에 잔류하였고, 그레고리오 11세에

제1부 빵과 치즈와 와인의 천국, 프랑스

파리에서 약 1,000킬로미터 떨어진
아비뇽. 이탈리아와 가깝다.

일까? 아비뇽은 로마의 교황청이 옮겨오기 전까지는 파리에서는 무려
1,000킬로나 남쪽으로 떨어져 있는 황량한 소도시에 불과했다. 그런 지
방 도시에 가톨릭 최고 수장인 교황이 들어와서 기거하고 교황청이 생
기게 되면서 일약 유럽 세계에서 종교적으로 가장 중요한 도시로 부상
한 것이다. 특히 종교가 지배하던 중세였던 만큼 아비뇽은 로마가 누려

의해 본격적인 로마 복귀가 이루어질 때까지 프랑스인 교황들이 독자적인 프랑스
적 교황청 행정을 담당하였다.
흔히 아비뇽 유수 시대는 교회사에서도 전통적으로 중세 교황권의 몰락기로 간주
했으나 최근의 연구에서는 새로운 관점들이 등장하기도 한다. 예를 들면, 클레멘스
5세에 의한 교회법, 교회재판제도의 확립, 그리고 2대 교황이었던 요한 22세에 의
한 교황청 재정 · 징세 기구의 재정비 등 근대적 성격의 혁신이 있었음을 새롭게 보
기 시작한 것이다. 이러한 개혁과 혁신들을 인정하고 궁전 건축을 비롯한 미술 부
분에서의 번영과 인문주의의 보호와 장려 등의 측면을 인정하여 이 시기를 무조건
적인 종교의 암흑기가 아닌 종교의 개혁기라는 부분으로 재평가하는 경향이 나타
났다.

교황의 와인이 있다고?

오던 모든 명성을 이어받은 도시가 된 셈이다.

이런 변화는 아비뇽의 교회에서 드리는 예배와 성사에도 영향을 주었는데, 과거에는 그저 흔하디흔한 예배와 성찬식을 올렸다면, 교황이 기거하면서 예배와 미사까지 직접 주재한 아비뇽 대성당의 예배는 하루아침에 유럽에서 가장 중요한 예배가 되었다. 교황이 주재하는 중요한 미사에서 이루어지는 성만찬에 품질이 떨어지는 포도주를 사용할 수는 없었을 것이다. 교황의 지위에 걸맞는 가장 좋은 와인이 필요했는데 불행히도 그때까지 아비뇽에서는 그런 좋은 품질을 갖춘 포도주가 생산되고 있지 않았다.

모든 경제의 기본은 수요와 공급의 법칙으로, 수요가 증가하면 그에 따라 공급도 증가하고 경쟁력이 생기면서 품질도 개선된다. 아비뇽 유수 이후 아비뇽 대성당에서는 교황이 집전하는 미사에 어울리는 최고 품질의 포도주가 필요하게 됐고, 이는 결국 아비뇽에서 좋은 품질의 포도주를 생산하게 된 하나의 계기가 되었다.

미사와 성찬식에 사용할 포도주로 인해 아비뇽 도시 전체에 큰 변화와 활력이 생기면서 도시 자체가 점점 더 중요해졌고, 품질 좋은 포도주 공급을 위한 대규모 와이너리(포도 농장) 개간이 활발해지게 된다. 그중에서도 일조량이 가장 풍부하고 토양이 좋았던 아비뇽 인근의 론(Rhône) 지역이 일약 프랑스 최고의 포도 재배지로 부상한다. 프랑스에서 와인으로 유명한 보르도 지방의 연간 일조량이 평균 2,050시간인 데 비해 론 지역의 일조량은 무려 2,750시간이나 된다고 한다. 하루 종일 태양이 뜨겁게 내리쬐어 일조량이 풍부하고, 흙이 아닌 작은 자갈로 이루어진 특이한 토양을 갖춘 이곳은, 포도 품종 중에서도 질 좋은 와인 재료로 꼽

히는 그르나슈와 시라를 재배하기 좋은 환경이
었다.

　아비뇽 유수 이후부터 포도주를 공급하기
위한 경쟁이 치열해졌는데, 나중에는 이 지역
에 '샤토네프 뒤 파프(Chateauneuf-du-Pape, 교황
의 새로운 성)'라는 이름이 붙었다. 아비뇽에 교
황이 기거하게 되었으니 그 일대를 '교황의 새
로운 성'이라고 부르게 된 것이다. 이 지역에서
생산되는 와인 역시 같은 이름으로 불리게 되
었고, 이때부터 이 와인의 병과 라벨에는 교황
을 상징하는 문양이 독점적으로 들어가게 되었다.

교황의 와인으로 불리는
샤토네프 뒤 파프

　'교황의 와인'으로도 불리는 샤토네프 뒤 파프는 현재 최고 품질의
와인 중 하나로, 2018년 미국에서 선정한 세계 100대 와인 중 8위에 선
정된 바 있다. 9가지 레드와인 품종과 4가지 화이트와인 품종을 혼합하
여 만들어서 산도가 뛰어난 드라이한 맛은 물론 자몽을 비롯해 각종 산
뜻한 과일 향, 꽃향기, 스파이스, 허브 향을 함유하고 있는 매우 훌륭한
와인으로 평가받고 있다.

제2부

알아두면 더 재미있는 프랑스 문화

01

루이 14세가 문화와 예술의 나라의 기틀을 세웠다고?

1980년대 후반 해외여행 자유화가 이루어지고, 2002년 한·일 월드 컵을 성공적으로 개최한 이후부터 한국인들의 세계여행이 급증하기 시작했다. 특히 프랑스를 중심으로 이탈리아, 스페인 등 문화와 예술이 발달한 나라들을 많은 사람들이 방문했다. 지금은 그런 현상이 없어졌지만 해외여행이 자유롭지 않던 과거에는 여성들을 중심으로 프랑스의 인기가 특히 높았던 시절이 있었다.

그 당시에 많은 한국 여성들이 선망하던 프랑스는 '문화와 예술의 나라'였고, 파리는 그 중심이었다. 한국 여성들이 가장 가고 싶어 하는 나라를 꼽으면 항상 프랑스가 1위를 하던 시절이 분명히 있었으며, 아마도 4~50대 이상의 한국 사람들, 특히 여성들이라면 이 말에 충분히 공감하고 인정할 것이다.

문화와 예술의 나라 프랑스의 명성은 비단 한국인들에게만 알려졌던 것이 아니고 다른 나라 사람들도 그렇게 인정하고 받아들였다. 왜 그랬을까? 프랑스의 상징인 에펠탑 때문일까? 아니면 세계에서 가장 유명한 예술작품들을 많이 소장하고 있는 루브르 박물관 때문일까? 마네와 모네 등 인상파 화가들의 유명한 그림이 많은 오르세 미술관의 영향일까? 그것도 아니면 파리지앵들의 화려한 패션 때문일까?

프랑스는 언제부터 유럽에서 중심국가 역할을 감당했고, 어떤 과정을 거쳐서 문화와 예술을 발전시켰던 것일까? 한 나라의 문화와 예술이 발전하기 위해서는 필수적인 조건이 선행되어야 하는데, 바로 문화와 예술을 창작하고 선도하는 사람들, 그중에서도 화가들을 중심으로 한 예술가들이 많아야 한다. 프랑스가 문화와 예술의 나라가 되고 파리가 낭만의 도시로서 명성을 떨쳤다면 당연히 많은 예술가들이 그곳으로 몰려들었을 것이다. 이렇게 모여든 예술가들이 수많은 작품들을 만들어내고 그런 예술품들을 향유하려는 많은 사람들이 생겨나면서 도시는 활력을 갖게 되고 문화와 예술이 더욱 풍부해졌을 것이다.

우리는 과거 이탈리아에 피렌체를 중심으로 미켈란젤로, 레오나르도 다빈치, 라파엘로 등 위대한 예술가들이 등장하면서 15~16세기 르네상스[1] 시대를 맞이하게 되었고, 이탈리아로 많은 예술가들이 몰려들면서

---

1   르네상스(Renaissance) : 14~16세기 유럽에서 일어난, 고대 그리스 · 로마의 학문과 지식을 다시 부흥시키고자 하는 문화운동. 프랑스어인 르네상스를 직역하면 '재생' 혹은 '다시 태어남'을 뜻한다. 중세의 특징 중 하나는 모든 것을 신(神) 중심으로 생각하는 '신본주의'였다. 이에 대한 일종의 반성에서 신 중심이 아닌 인간 중심으로 다시 돌아가자고 하는 것이 결국 르네상스의 시작이었고 그것이 바로 '인본주의'의 토대가 되었다. 인본주의자들은 고전 학문과 그 가치에 대한 관심이 높았고, 특히 고대 그리스와 로마의 인문주의를 동경하면서 닮으려고 하였다. 이런 생각에서 이

그 시대의 세계 문화와 예술을 선도했던 것을 분명히 기억한다. 그렇다면 프랑스의 경우는 어떠할까? 언제부터 프랑스와 파리에 많은 예술가들이 몰려들었을까? 또한 프랑스는 유럽의 많은 위대한 예술가들을 끌어모으기 위해서 국가적으로 어떤 정책들을 펼쳤을까?

15~16세기는 르네상스를 주도했던 피렌체를 중심으로 한 이탈리아가 문화와 예술의 선진국이자 중심국가였다면, 17세기에 들어서면서 서서히 변화가 오기 시작한다. 이탈리아와 피렌체를 중심으로 형성됐던 문화와 예술에 대한 헤게모니가 17세기부터 프랑스와 파리로 이동했던 것이다. 물론 그러한 변화의 바탕에는 정치적인 요인이 분명히 있었다. '태양왕'이라고 불렸던 루이 14세가 프랑스를 통치하게 되면서 강력한 절대왕정[2]을 펼쳤고 이를 통해서 프랑스는 서서히 유럽의 중심국가로 변모하고 있었던 것이다. 결론적으로 루이 14세가 통치하던 시절에 프랑스는 자국 역사상 가장 찬란한 문화와 예술의 전성기를 보내게 되었다.

프랑스 국민들은 단독으로 친정 체제를 구축해서 강력한 권한을 행

탈리아 피렌체의 유력 가문이었던 메디치가를 중심으로 재력을 가진 상인이나 권력자들이 학자와 예술가들을 재정적으로 후원하게 됐고, 그 후원을 받은 예술가들이 아무런 걱정 없이 자신들이 가진 인문·예술적 능력을 발휘하면서 문화예술이 활짝 꽃을 피운 것이 르네상스이다.

2 절대왕정(Ancien Regime) : 국왕이나 군주가 어떠한 사람이나 법률 혹은 기관에도 구속받지 않고 절대적 권한을 가지는 정치 체제. '절대주의'라고도 한다. 절대주의 체제의 본질은 절대왕정의 국왕은 오로지 신(神) 앞에서만 책임을 물을 수 있고 사법, 입법, 경제 등 그 어떠한 다른 기관에 의해서도 규제를 받지 않았다는 점이다. 17~18세기 유럽의 많은 나라에서 볼 수 있었던 군주제가 바로 절대주의 체제였다.

루이 14세가 문화와 예술의 나라의 기틀을 세웠다고?

사한 루이 14세를 인정하고 그를 적극적으로 지지하기에 이른다. 국민의 강력한 지지를 등에 업은 루이 14세에게 더 이상의 걸림돌은 없었다. 루이 14세가 통치하던 시대에는 정치·경제를 비롯해서 문화와 예술까지 모든 것이 위대한 시기였고 특히 국왕 자신이 가장 위대한 존재였다. 18세기 프랑스의 위대한 지성 볼테르가 "그의 치하에서는 모든 것이 평온했다"고 말했듯 루이 14세가 본격적으로 친정을 시작하면서 그 어떠한 문제도 없는 시대가 되었던 것이다.

주변 정치 정세도 프랑스에 유리하게 돌아가고 있었다. 늘 프랑스의 골칫거리였던 스페인은 급속히 쇠퇴하고 있었고 독일과 이탈리아는 소국으로 분할되어 더 이상 위협이 되지 않았다. 영국은 루이 14세에게 보조금을 받을 정도로 프랑스와는 친밀하고 돈독한 관계가 되었기에, 적어도 유럽에서는 더 이상 루이 14세와 프랑스에 위협적인 적이 없었다. 그리하여 루이 14세가 직접 치세를 하는 동안 프랑스의 위대한 세기가 시작되었다. '짐이 곧 국가다(L'état, c'est moi)'라고 본인이 직접 말하지는 않았다고 하지만 '태양왕'으로 불렸던 루이 14세가 역대 그 어느 프랑스의 국왕도 가져보지 못한 권력을 가졌던 것은 사실이었다.

그렇다면 정치적으로 안정된 절대왕정을 이룬 강력한 독재자인 루이 14세와 프랑스는 어떻게 문화와 예술을 발전시킬 수 있었던 것일까? 루브르 궁전에서 베르사유 궁전으로 거처를 옮긴 루이 14세는 정국을 완전히 장악하기 위해서 주로 하류계급에서 인재를 등용하는 방식을 썼으며 약 54년에 이르는 친정 기간에 우리의 장관에 해당하는 요직에 겨우 17명만을 임명할 정도로 엄청나게 폐쇄적인 정치를 했다. 그러나 이처럼 정치적으로는 독재자와도 같았던 루이 14세였지만 그에게는 뜻밖에도 엄청난 반전이 숨겨져 있었다. 그것은 바로 루이 14세가 문화와 예술을 너무나 좋아하던 사람이라는 것이었다.

예술 활동을 얼마나 좋아했으면 권력의 최고 중심에 있으면서도 저녁마다 연극, 발레 등 많은 예술가들을 궁궐로 불러들였고, 루이 14세 자신이 직접 배우가 돼서 무대에 서는 일도 많았다. 루이 14세는 특히 춤(발레)[3]을 가장 좋아했고 발레복을 입고 발레리노가 돼서 무대에서 멋진 발레를 선보이는 일을 좋아했었다.

정치적으로는 그 어떤 정적이나 라이벌도 허용하지 않았고 자신에게 도전할 만한 힘이 있는 귀족 세력들을 철저하게 억누르면서 절대왕정을 펼치던 냉철한 독재자 루이 14세가 몸에 찰싹 달라붙는, 일명 쫄쫄이 바지 같은 발레복을 입고 우아하게 무대를 장악하면서 공연을 하

---

3 발레(ballet) : 발레는 용어 자체가 프랑스어이기 때문에 프랑스를 발레의 종주국으로 생각하는 경우가 많은데, 사실은 이탈리아에서 시작된 것이다. 16세기 이탈리아 피렌체 출신으로 프랑스 국왕과 결혼하면서 프랑스로 들어온 카트린 드 메디시스(1519~1589)가 바로 발레를 프랑스에 소개한 사람이다. 그녀는 이탈리아에서 프랑스로 올 때 자신이 좋아하던 많은 것들을 가져왔는데 그중 하나가 바로 춤이었던 것이다. 즉 그녀가 매일 즐기던 이탈리아의 궁중무용이 프랑스 왕실에 전해지며 인기를 끌었고 활짝 꽃을 피웠던 것이다. 발레(ballet)라는 명칭도 '춤을 추다'라는 뜻을 가진 이탈리아어 발라레(ballare)에서 비롯된 것이다.
17세기 당시 프랑스 궁정발레에서 가장 인기가 높았던 발레리노가 바로 태양왕 루이 14세였다. 루이 14세는 열세 살 때였던 1651년 〈카산드라의 발레〉라는 작품으로 본격적인 발레리노의 경력을 시작했고 1670년 발레 무대를 떠날 때까지 무려 27편의 무대에 출연하기도 했었다. 당시에는 루이 14세가 급격히 살이 찌면서 더 이상 날씬한 발레리노의 삶을 살 수 없게 되자 일종의 은퇴를 한 것이라는 소문도 있었다. 결론적으로 루이 14세는 절대왕정을 실현한 최고 권력자이면서 최고 무용수이기도 했다.

륄리가 작곡한 〈밤의 발레(Ballet de la nuit)〉
무대에 선 열다섯 살 때의 루이 14세.
자신을 태양의 이미지로 정했다.

는 모습이 연상되는가. 아마도 많은 사람들은 절대자, 독재자의 그런 모습을 머릿속에 상상하기 어려울 것이다. 우리나라를 포함한 동서양에서 역사적으로도 절대자나 강력한 독재자가 발레복을 입고 발레를 하는 것을 본 적이 별로 없기 때문이다.

그러나 루이 14세가 쫄쫄이 바지를 입고 굽 높은 신발을 신은 채 무대를 돌아다니면서 발레를 추던 것은 분명한 사실이었다. 그에게 따라다니는 '태양왕'이라는 호칭도 바로 발레 공연에서 그가 멋지게 분장한 모습에서 만들어낸 용어였던 것이다.

다섯 살이라는 어린 나이에 국왕이 된 루이 14세는 열다섯 살이 되던 1653년 〈밤의 발레(Ballet de la nuit)〉라는 작품에서 태양 역할을 맡게 된다. 역할에 걸맞게 태양처럼 멋지게 분장하고 무대의상을 입은 루이 14의 모습에 관객들은 큰 충격을 받았고, 이어서 그에게 많은 지지와 찬사를 보내게 된다. 이런 과정을 통해 루이 14세의 권력은 점점 더 공고해질 수 있었던 것이다. 루이 14세가 유행시킨 발레를 비롯한 많은 예술에 빠져든 정치인들과 귀족들은 정치보다 예술에 대한 관심을 키우게 됐는데, 이것은 결론적으로 루이 14세에게는 정치적인 이득이 되기도 했다.

독재자 이미지를 가진 루이 14세가 문화 예술을 즐기는 것은 선뜻 어

제2부 알아두면 더 재미있는 프랑스 문화

울리지 않지만, 그가 누구보다도 문화와 예술을 사랑했다는 것은 분명한 사실이다. 결론적으로 프랑스가 문화와 예술의 나라로 자리매김하는 데 가장 큰 공헌을 한 사람은 누가 뭐래도 태양왕 루이 14세였던 것이다. 루이 14세의 적극적인 문화 후원에 힘입어 프랑스의 고전문학은 활짝 꽃을 피우게 됐고 그의 궁정은 유럽의 다른 군주들과 문인들의 동경의 대상이 되었으며, 프랑스어는 유럽의 사교계와 외교계를 대표하는 언어가 되었다.

02

살롱이 예술가들을 파리로 끌어모았다고?

'살롱'[4]이라고 하면 무엇이 가장 먼저 연상되는가? 한국에서는 살롱이라고 하면 룸살롱, 헤어살롱, 뷰티살롱 같은 업소가 먼저 떠오른다.

---

4 살롱(Salon) : 17~18세기 프랑스 상류사회에서 유행하던 귀족과 문인들의 사교 모임. 살롱은 17세기를 지나 18세기 말까지도 프랑스를 중심으로 전 유럽에서 인기 있는 모임 장소였고, 살롱을 통해 수많은 예술가와 음악가들이 등장할 수 있었다. 물론 영국에선 성격이 조금 달라서 살롱보다는 '클럽'이 모임의 주된 장소였지만, 이름은 달라도 많은 예술가들과 지식인들을 모으고 사회 담론을 만든다는 점에서는 살롱과 같은 역할을 했다. 독일에는 매우 특이한 살롱이 있었다. 베를린 최초의 살롱인 헤르츠 부인 살롱이 그것인데, 이 살롱이 특이한 것은 헤르츠 부인이 유대인 여성이었다는 것이다. 당시 베를린에는 유대인들에 대한 차별과 소외가 있었는데도 불구하고 헤르츠 부인 살롱은 베를린에서 인기를 끌었다.
한편으로 미술에서는 프랑스 정부가 후원하는 공식적인 미술전람회를 지칭하는 용어이기도 하다. 1667년 루이 14세가 '왕립 회화 · 조각 아카데미'에 소속된 미술가들의 작품 전시를 후원하면서, 루브르 궁전의 아폴로 살롱이라는 장소에서 전람회가 열린 데서 비롯되었다.

제2부 알아두면 더 재미있는 프랑스 문화

최근에는 문학살롱이니 소셜살롱 등의 용어가 등장하기도 했지만 '살롱'이라는 용어는 과거 오랜 기간 한국에서만큼은 부정적인 의미가 매우 강했었다. 그런데 '살롱'이 프랑스를 문화와 예술의 나라로, 파리를 낭만의 도시로 만들어준 가장 큰 일등공신이었다는 것이 흥미롭다.

루이 14세는 정치적으로는 강력한 체제를 구축하면서 절대왕정을 열었지만, 문학과 예술 방면에서는 정반대의 정책을 펴서 많은 예술가들을 적극적으로 후원하였다. 본인이 직접 배우로도 활동했을 정도로 예술에 조예가 깊었던 루이 14세는 라신(Racine), 코르네유(Corneille), 몰리에르(Molière) 등 17세기 프랑스가 낳은 위대한 작가들을 후원하는 등 문화 발전에도 큰 관심을 기울였다.

루이 14세가 통치하던 시절에 사회·문화적으로 새로운 현상이 나타나기 시작했는데, 그것은 바로 살롱과 사설 아카데미의 출현이었다. 그 중에서도 살롱의 영향력은 대단해서 17세기는 물론이고 18세기 후반까지 전 프랑스는 물론이고 유럽 전체에서도 예술가들과 지식인, 귀족들에게도 큰 인기를 끌었다.

이 무렵 파리에만도 수백 개의 살롱이 있었을 정도로 살롱은 문인들과 작가들 그리고 지식인들에게 많은 인기를 끌었는데 여기에서는 남성보다는 여성들이 우대를 받았다. 또한 귀족 여성들이 주도해서 자신의 집을 살롱 장소로 활용했는데 아무래도 여성들이 많았기에 이곳에서는 용맹함보다는 예의범절이 중시됐고, 전쟁에서 얼마나 적의 머리를 많이 베었느냐 같은 무용담보다는 세련된 언변이 더 대우를 받았다. 이러한 살롱의 분위기는 당연히 여성들, 특히 귀족 부인들이 살롱을 주도하면서 생긴 하나의 사회적인 현상이기도 했다. 그러다 보니까 살롱에 드나

많은 문학가들이 모여 문학 토론을 하는 조프랭 부인 살롱[5]

드는 예술가나 지식인 혹은 귀족 남성들도 어느덧 살롱의 주역인 여성들이 원하는 것들을 충족시키기 위한 노력하기 시작했던 것이다.

　이 당시의 살롱은 귀부인들이 정해진 시간에 자기 집 객실을 문화 예술계에 종사하던 예술가나 지식인들에게 개방하여 다과를 나누면서 새로운 작품이나 사상에 대한 자유로운 토론과 낭독 비평을 나누던 자리였다. 혹은 무명의 연주자들을 초청해서 음악 연주회를 열기도 했다. 살

5　조프랭 부인 살롱(Le Salon de Madame Geoffrin) : 조프랭 부인 살롱은 파리의 기존 살롱과는 조금 다르게 귀족들의 사교 모임이라기보다는 주로 문학작품을 읽고 토론하는 문학살롱의 역할을 했다. 다른 살롱들을 주도하는 여성들은 대부분 신분이 높은 귀족이었던 데 비해 조프랭 부인은 평범한 시민계급 출신이었기 때문이었다. 그러나 조프랭 부인 살롱은 당시 대세로 떠오르기 시작한 계몽주의자들이 몰려들기 시작하면서 인기를 끌었고 나중에는 파리를 넘어 전 유럽에서 인기 있는 문학과 철학 살롱으로 군림했다.

제2부 알아두면 더 재미있는 프랑스 문화

음악 연주회를 하는 살롱

롱 모임을 통해서 자연스럽게 귀족들과 예술인들 그리고 지식인들에 의한 일종의 여론이 형성되기도 했다.

많은 작가나 음악가들은 귀부인들의 살롱에서 자신의 작품을 보여주고 평을 나누는 것을 매우 중요하게 생각했었고 이들 귀부인들에게 호평을 받은 덕분에 정식 공연에 성공하는 예도 자주 있었다.

살롱 문화가 프랑스에서 시작되기 전 르네상스 시대에 이미 이탈리아 피렌체에도 그러한 귀족 문화가 있었으며, 그 기원은 고대 그리스까지 거슬러 올라간다. 기원전 5세기 그리스의 전성기를 열었고 서양 연극의 발전에도 크게 이바지한 아테네의 지도자 페리클레스 시대에, 최고의 미녀로 칭송이 자자했던 아스파시아의 집에서 모인 문학 모임을 역사상 최초의 살롱 문화로 꼽는다.

아스파시아는 노예 출신으로 아름다운 미모를 자랑하던 기녀였다.

아스파시아 살롱에서 제자 알키비아데스를 데려가는 소크라테스

당시의 그리스 기녀들은 상당한 수준의 문학적·예술적 감성을 소유하고 있었다고 한다. 미모와 지성을 겸비한 기녀들의 수준이 얼마나 높았던지 그리스 최고의 철학가들이었던 플라톤과 소크라테스도 철학과 사상을 논하기 위해 아스파시아의 집을 드나들었다는 기록이 있다.

유럽에서 살롱의 원조로 꼽을 수 있는 것은 이탈리아 르네상스 시대의 '살로네(Salone)'이다. 그리스에 이어 살롱의 원조가 이탈리아였더라도 17세기 들어 본격적으로 살롱을 전 유럽에 유행시키고 많은 예술가들을 끌어모은 것은 분명히 프랑스였던 것이다.

원래 프랑스에서 살롱이 처음 시작된 것은 16세기에 낭트 칙령[6]을 반

6   낭트 칙령(Édit de Nantes) : 1598년 4월 13일 프랑스의 왕 앙리 4세가 낭트에서 공

제2부 알아두면 더 재미있는 프랑스 문화

포하여 극심했던 종교 간의 갈등을 봉합한 앙리 4세 때였다.

구교(가톨릭)와 신교가 무려 30년 가까이 치열하게 내전을 벌이면서 프랑스 국민들의 삶은 매우 삭막하고 피폐해졌다. 낭트 칙령을 반포하면서 내전을 종식시킨 앙리 4세는 전쟁과 폭력, 학살 등에 의해 갈기갈기 찢긴 국민들의 마음을 위로하고 치유하고자 처음 궁정 안에 살롱을 만들어 귀족 사회에 전파했던 것이다. 이렇게 해서 프랑스 최초의 살롱들은 대부분 남성들이 아닌 여성들이 주도하는 것이었다. 거칠어진 남성들의 심성을 우아하고 아름다운 여성들과의 교제와 대화로 부드럽게 하고 교양인다운 말투와 예절을 익히게 할 목적이었다.

17세기에 들어서 궁정보다는 귀족들의 개인 저택으로 장소가 옮겨졌는데, 프랑스 최초의 개인 살롱인 랑부이에 후작부인 살롱과 사블레

포한 칙령. 신교도인 위그노에게 조건부 신앙의 자유를 허용하면서 약 30년간 지속된 프랑스의 종교전쟁(일명 위그노전쟁)을 종식시켰다. 낭트는 파리에서 서쪽으로 약 400킬로미터 떨어진 브르타뉴주의 주도로서, 이곳에서 반포된 낭트 칙령에 따라 양심의 자유, 신앙의 자유가 선포되었고, 사회적 약자였던 개신교도(위그노)들에게 수많은 예배소와 100여 곳이 넘는 피난처가 마련되었다. 이 칙령은 개신교도들에게 신앙의 자유를 보장하고 파리를 제외한 모든 지역에서 공공예배를 볼 수 있게 했으며, 프랑스인으로서의 시민권을 부여했다. 개신교의 목사는 국가에서 정식으로 인정받게 됐으며 국가가 주는 급료도 받을 수 있게 되었다. 그러나 낭트 칙령은 가톨릭교도들의 불만을 크게 고조시켰고, 가톨릭교도들은 국왕이 선포한 낭트 칙령을 거부하려 했다.
태양왕 루이 14세는 1685년 10월 18일, 결국 낭트 칙령을 완전히 철폐함으로써 프랑스 개신교도의 모든 종교적·시민적 자유를 다시 박탈했다. 이로써 40만 명 이상의 개신교도들이 가톨릭교도들의 억압과 차별을 피해 종교적 자유가 좀 더 보장되었던 영국, 프로이센, 네덜란드 그리고 멀리 미국 등지로 떠났다. 이들은 대부분 상인, 군인 등, 흔히 말하는 중산층으로 프랑스 사회의 중추 역할을 담당했었는데 그런 이들이 대거 탈출하면서 이후 프랑스 경제에 악영향을 주게 되었다.

살롱이 예술가들을 파리로 끌어모았다고?

살롱이 열렸던 랑부이에 저택

부인 살롱 그리고 스카롱 부인 살롱 등이 유명했다. 가끔은 특이하게도 남성들이 주관하는 살롱도 있었다.

살롱의 역할을 몇 가지 간단히 살펴보자. 첫째는 앞에서 말했듯 여론 형성의 역할이었다. 둘째는 새로운 작품이나 예술가의 등용문 역할이었다. 셋째는 여성들에게 새로운 남성들과 혹은 새로운 외부 세상과 연결시켜주는 징검다리 역할이었다. 물론 이들 살롱이 항상 이처럼 긍정적인 역할만 한 것은 아니어서 때로는 불륜이라는 반사회적 · 비도덕적인 상황을 초래하기도 했지만, 여성들의 사회 진출에 큰 영향을 끼친 것은 부인할 수 없는 사실이다. 이외에도 살롱의 존재 덕분에 프랑스어가 갈고 닦아져서 지금처럼 아름답고 풍성한 언어로 인정받게 된 것도 살롱의 빼놓을 수 없는 긍정적 기능이었다.

이처럼 살롱은 동질적인 취향과 관심을 지닌 교양인 그룹을 형성하였고 한정된 주제를 놓고 분석하고 토론하는 분위기를 만들었으며 프랑스 문화계의 새로운 흐름으로 자리매김했다. 태양왕 루이 14세 시절부터 인기를 끌기 시작한 프랑스의 살롱들은 18세기로 넘어오면서도 그

살롱에서 토론을 즐기는
프랑스 계몽주의자들.
(손을 들고 있는 볼테르와
수학자 콩도르세
그리고 달람베르, 디드로 등의
모습이 보인다.)

인기가 식을 줄을 몰랐다. 오히려 17세기에서 18세기로 넘어가면서 더 많은 살롱들이 파리에 생겨났고, 더 많은 예술가들과 지식인들이 다양한 살롱들로 몰려들었고 귀족들의 후원을 받으면서 왕성한 문화 예술 활동을 펼칠 수 있게 된다.

　18세기는 사상적으로 계몽주의[7]가 득세했던 시대였는데, 계몽주의 시대에 가장 각광받았던 사람들은 바로 사상가들이나 철학가들이었다. 이들은 매일 밤마다 살롱에 모여서 자신들의 철학이나 계몽주의를 열심히 전파할 수 있었던 것이다.

7　계몽주의 : 계몽주의의 핵심은 이성 중심이며, 이성의 힘에 의해 인간은 우주를 이해하고 자신의 상황을 개선할 수 있다고 믿는 것이다. 이러한 이성 중심 사상은 고대 그리스 철학에서 시작되었으며 기독교가 유럽에 자리를 잡는 과정에서 인간의 이성과 신앙은 서로 연결되며 누구도 거부할 수 없는 절대적 진리로 자리매김했다. 이처럼 중세 유럽에서 진리로 여겼던 이성과 신(神) 중심의 사상적 체계는 인간중심주의 운동인 르네상스와 종교개혁에 의해 신랄한 공격을 받게 되었다. 이런 강력한 저항은 영국에서는 개혁으로, 그리고 프랑스와 미국에서는 혁명으로 발전하는 계기가 되기도 했다.

살롱이 예술가들을 파리로 끌어모았다고?

특히 프랑스에서는 대부분의 예술가들, 사상가들이 가장 큰 수혜자였다. 한마디로 문화 예술 활동을 하는 데 있어서 그 어떠한 제약도 없던 시절이었던 것이다. 그래서 18세기 당시 프랑스의 철학자들은 자신들이 살고 있는 시대가 앞서 17세기보다 훨씬 우수하고 찬란하다는 의미에서, 18세기를 '빛의 세기'라고 자화자찬할 정도였다.

태양왕 루이 14세가 통치하던 절대왕정 시대에는 군주가 정치적으로 모든 것을 틀어쥐고 있었는데, 예술도 마찬가지여서 그가 예술을 사랑하는 국왕이었음에도 불구하고 절대왕정이라는 체제는 변함없이 단단했다. 루이 14세가 사라지고 나자 정치는 물론이고 사회 모든 부분에서 엄청난 변화가 일어났고 문학, 예술도 마찬가지였다. 이런 배경에서 사상적으로 계몽주의도 득세할 수 있었고 문학가, 예술가들에게도 일종의 창작의 자유가 부여되었다. 그래서 18세기 지식인들이 자신들의 시대를 빛의 세기라고 칭송했던 것이었다.

태양왕 루이 14세 시절 이후 유럽 내에서 프랑스의 높은 위상은 18세기에 접어들면서도 계속 이어진다. 루이 15세와 루이 16세 그리고 이어지는 18세기 말의 프랑스대혁명과 작은 거인 나폴레옹의 등장까지, 정치는 물론이고 문화 예술에서 프랑스의 최전성기가 계속 이어지면서 전 유럽에 있던 많은 예술가들과 지식인들이 너도나도 파리로 몰려들었다. 2차 세계대전 이후 지금까지 전 세계에서 가장 강대국으로 군림한 미국으로 많은 나라의 젊은이들이 유학을 가는 이유를 생각하면 금방 이해가 될 것이다. 18세기 당시 유럽에 기거하던 문화 예술인들은 파리의 특정 살롱에서 활동했던 이력이 있으면 자국에 돌아가서 크게 대접을 받기도 했다고 하니 얼마나 파리의 살롱이 유명했는지 짐작할 수 있을 것이다.

과거 16세기 르네상스를 꽃피울 때 피렌체와 이탈리아로 많은 예술가들이 몰려들면서 이탈리아가 문화의 중심지가 되었던 것처럼, 17세기부터 시작된 프랑스의 강성함으로 인해 많은 사람들이 살롱이 있는 파리로 몰려들게 된 것이다. 이런 흐름은 19세기를 거쳐 결국에는 20세기 초 '벨 에포크(La Belle Époque) 시대'[8]까지 이어지게 되면서 프랑스와 파리는 문화와 예술의 나라 혹은 낭만의 도시라는 명성을 얻게 됐던 것이다.

---

8 벨 에포크(La Belle Époque) : 프랑스 문화사에서 자주 나오는 이 용어를 직역하면 '아름다운 시절'이다. 프랑스 역사에서는 특히 1871년 프랑스의 대패로 끝난 프러시아와의 보불전쟁 이후부터 1914년 1차 세계대전이 일어날 때까지 약 50여 년간의 아름답고도 평화로운 시대를 의미한다. 이 시절 파리는 과거에 볼 수 없었던 풍요와 평화를 누렸고 문화 예술이 번창했으며 거리에는 우아한 복장을 한 신사, 숙녀들이 넘쳐났다. 특히 파리, 그중에서도 가난한 예술가들의 성지였던 몽마르트르 언덕을 중심으로 헤밍웨이, 반 고흐, 마티니, 모딜리아니 등등 당대 최고의 예술가들이 몰려들어 활동하면서 문화 예술이 크게 각광받게 되었다.

살롱이 예술가들을 파리로 끌어모았다고?

03

에펠탑이 최첨단 소재로 만들어졌다고?

전 세계 도시에 있는 건축물과 구조물 중에서 가장 유명한 것은 무엇일까. 아마도 많은 사람들이 가장 먼저 떠올리는 것이 파리의 에펠탑, 뉴욕을 상징하는 자유의 여신상[9]일 것이다. 그 외에도 런던의 상징인 빅벤, 로마를 상징하는 콜로세움도 대단히 유명하다. 그래도 누가 생각하

---

9 자유의 여신상 : 미국과 뉴욕의 상징으로 여겨지는 자유의 여신상은 사실은 미국의 독립 100주년을 기념해 프랑스가 보낸 선물이었다. 정확한 명칭은 '세계에 빛을 비추는 횃불을 든 자유의 신상'으로 발밑에는 노예해방을 뜻하는 부서진 족쇄가 놓여 있고 오른손에는 횃불 그리고 왼손에는 '1776년 7월 4일' 날짜가 새겨진 독립선언서를 들고 있다. 아메리칸 드림을 꿈꾸며 미국 땅을 밟은 수많은 유럽 이민자들을 환영하는 자유의 여신상은 프랑스의 조각가 프레데릭 오귀스트 바르톨디(Frederic Aguste Bartholdi)가 설계했다. 무려 2톤 정도로 워낙 무게가 많이 나가서, 해체된 상태로 배로 운반된 뒤 미국에서 다시 조립되었는데, 제국주의의 팽창력이 치열한 경쟁을 부리던 19세기 말에서 20세기 초 세계 곳곳에서는 이러한 거대한 인공물을 만들려는 시도들이 많았다.

제2부 알아두면 더 재미있는 프랑스 문화

더라도 가장 먼저 연상할 만큼 에펠탑은 파리의 상징을 넘어 프랑스를 전 세계인들에게 깊이 각인시키는 데 큰 공헌을 한 건축물이다.

이처럼 각 나라를 상징하는 건축물을 생각하다 보면, 우리나라의 수도 서울을 상징하는 건축물이나 구조물은 무엇일까 하고 다소 아쉬워지는 것도 아마도 자연스러운 일일 것이다. 서울을 상징하는 구조물은 남산타워인가? 아니면 숭례문인가? 아니면 덕수궁인가?

여기서 재미있는 사실은 파리를 상징하고 프랑스를 사람들에게 각인시키는 데 가장 큰 공헌을 한 에펠탑 건축을 반대하고, 흉측하다면서 철거를 주장했던 파리 시민들과 지식인들이 당시에 상당히 많았었다는 것이다. 지금 생각하면 말도 안 되는 일이라고 여겨지지만 이 탑이 처음 파리에 세워지던 19세기 말에는 에펠탑을 두고 파리 시민들의 여론이 심각하게 분열되었다. 심지어 에펠의 설계도를 검토한 파리의 저명한 수학교수는 그 설계도대로 건설한다면, 탑이 200미터 높이에 이르면 반드시 붕괴할 것이라고 지적했다고 한다. 결론적으로 설계자 에펠은 만일 공사 중에 탑이 무너질 경우 개인 비용으로 전액 보상하겠다고 프랑스 정부와 약속한 후에야 건설에 들어갈 수 있었다.

이렇게 큰 논란을 불러일으키며 건설되었으나 파리의 상징이자 세계에서 가장 유명한 구조물이 된 에펠탑은, 파리에서 개최하는 당시로서는 대규모 축제인 세계박람회(International Exposition)[10]가 열리던 때 파리에

---

10 세계박람회 : 세계박람회는 19세기 당시 세계를 선도한 하나의 문화적 코드이자 제국주의 국가들의 확장정책과 깊은 관계가 있었다. 세계박람회 부분에서 가장 앞섰던 영국 런던에서는 1851년 수정궁 대박람회(The Great Exhibition at the Crystal Palace)가 개최되었는데, 이 박람회는 떠오르는 영국 제국주의의 구축에 다름 아니

에펠탑이 최첨단 소재로 만들어졌다고?

처음 방문하는 사람들이 파리 어디에서도 박람회장 위치를 알아보고 잘 찾아올 수 있도록 일종의 길잡이 역할을 하기 위해 건축되었다. 즉 에펠

었다. 그 후 1883년, 1899년에 열린 파리 세계박람회 역시 아프리카에 이어 아시아까지 진출한 제국주의 프랑스의 국력을 자랑하는 행사였다. 세계박람회를 개최하는 제국주의 국가들은 자국의 발달한 산업과 문화를 전 세계에 과시하는 한편, 세계 여러 나라의 산업과 문화를 한눈에 경험할 수 있는 공간을 구성해서 많은 사람들을 끌어모았다. 세계박람회의 긍정적인 면으로는, 아직 세계에 알려지지 않은 나라들이 참여해서 국가의 인지도를 올리고 제국주의 국가들의 선진문물을 경험하는 계기가 됐다는 것이었다. 원래 박람회라는 것은 자국 내 상인이나 기업가 등이 만든 물품들을 전시, 판매하기 위한 국내적인 성격의 모임이었는데 위에 언급했듯 영국이 1851년 수정궁이라는 거대 전시장을 짓고 세계 여러 나라들을 초청하면서부터 국제적인 성격으로 확대되었다.

우리나라도(당시는 조선) 19세기 말 세계박람회에 참여하면서 세계무대에 공식 데뷔했다. 가장 처음 참가한 박람회는 1883년 미국 보스턴 박람회였고, 에펠탑이 건설된 1889년 파리 세계박람회에도 민영찬을 위시한 일행이 참가해서 우리나라의 고유 물품들을 전시하며 세계무대에 우리나라를 알리기도 했었다. 이미 일본이 1873년 오스트리아 빈 세계박람회에서 큰 성공을 거뒀던 것을 알고 있던 조선은 세계박람회를 동양의 작은 나라 조선이 독립적인 고유문화를 지닌 국가라는 이미지를 서구 열강에 알리는 절호의 기회로 보았던 것이다.

1900년 박람회의 한국 홍보 전단. (COREE는 KOREA의 프랑스 표현)

제2부 알아두면 더 재미있는 프랑스 문화

형태를 갖춰가는 철골 구조물

탑은 1889년, 우리나라도 참가했던 프랑스대혁명 100주년을 기념하여 개최된 세계박람회를 위해 세워진 구조물로이다. 지금도 그렇지만 당시 파리의 대부분 석조 건축물들이 4~5층 높이 정도였기 때문에 육중한 철골로 만들어진 300미터가 넘는 에펠탑은 그 존재만으로 길잡이 역할을 충분히 할 수 있었던 것이다.

우리가 알다시피 에펠탑의 이름은 탑을 설계한 귀스타브 에펠(Gustave Eiffel)에게서 따온 것이다. 원래 에펠탑이 처음 파리에 세워질 때는 세계 박람회가 끝나면 길잡이 역할이 더 이상 필요 없기 때문에 철거하기로 계획했었다. 당시 많은 파리 시민들은 고색창연한 문화와 예술의 도시 파리와 육중한 쇳덩어리로 만들어진 에펠탑이 전혀 어울리지 않고 오히려 아름다운 파리의 미관을 해친다고 생각했기 때문이었다. 19세기 말 파리지앵들에게 에펠탑은 그저 임시로 만든 '추악한 고철 덩어리'에 불과했던 것이다.

특히 파리의 문화계와 예술계 그리고 문학계의 유명한 지식인들의 반대가 유독 심했었다. 기 드 모파상(Guy de Maupassant, 1850~1893)을 비롯한 저명 문학가들이 반대를 많이 했는데, 특히 자신의 집 창문을 에펠탑이 안 보이도록 반대쪽으로 냈다거나 혹은 매일 식사를 에펠탑 아래 1층 식당에 와서 먹었는데 그 이유가 에펠탑이 안 보이는 곳이었기 때문이라는 등의 일화가 잘 알려져 있다.

외관이 흉측하다는 평가를 받으며 논란을 일으켰던 에펠탑의 철골 노출 구조가 20세기 들어 전 세계에서 철도 역사, 교량 등의 철골 구조물에 지대한 영향을 끼쳤으니 역사의 아이러니라 할 만하다. 당시 에펠탑의 철거를 주장하는 사람들에게 에펠은 "나는 그 탑이 나름의 아름다움을 간직하리라 믿는다. 단지 우리가 토목기사이기 때문에 그 설계물이 추하다고 할 수는 없을 것이다"라면서 철거를 반대했다고 한다.

대부분의 나라에서는 여론을 주도하는 세력들이 대부분 정치계에 있다면, 문화와 예술을 중시하는 프랑스는 문화 예술계 명사들의 입김이 매우 강한 나라다. 결국 논란의 중심에 섰던 에펠탑은 파리 세계박람회가 끝난 지 20년 만인 1909년에 거의 철거될 위기에 처하게 된다. 원래 처음의 계획도 박람회 개최 후 20년까지만 탑을 사용한다는 것이기도 했다.

그러나 다행히도 에펠탑이 당시 프랑스는 물론이고 전 세계에서도 가장 높은 구조물[11]이었기에 최신 라디오 송수신 안테나를 세우기에 이

---

11 에펠탑(La Tour Eiffel) : 에펠탑의 높이는 맨 꼭대기 16미터 높이의 텔레비전 안테나를 포함하여 총 324미터이고, 3층 구조로 만들어졌다. 3층까지 총 1,652개의 계

상적이라는 지극히 현실적인 이유로 철거 위기를 간신히 모면할 수 있었다. 그래서 지금도 에펠탑을 보면 탑 맨 꼭대기에 텔레비전 방송용 안테나(제2차 세계대전 후에 설치)를 비롯한 여러 개의 라디오 송수신용 안테나가 달려 있는 것이다. 물론 거대한 에펠탑 덕분에 1916년 실제로 대서양 너머 국가와 처음으로 무선송신을 하게 되었고, 그로부터 5년 후인 1921년에는 라디오 방송을 할 수 있게 됐

에펠탑

으며 현재까지도 텔레비전 송신탑으로 사용되고 있다. 지금처럼 야간에 멋진 조명을 사용해서 파리를 환히 비추게 된 것은 1988년 나트륨 전구가 갖춰지면서부터이다.

그러나 당시 파리에서 가장 높은 건물이었던 노트르담 대성당의 높이가 고작 66미터였는데 갑자기 300미터가 넘는, 그것도 철골로 만들어

단이 있고, 육중한 철골을 유지하기 위해서 총 2천 5백만 개의 나사못이 사용됐다고 한다. 여러 개의 안테나를 포함한 탑의 총 무게는 무려 10,000톤이고 파리에서 4년마다 도색 작업을 하면서 관리한다. 에펠탑은 1930년 뉴욕의 크라이슬러 빌딩이 완공될 때까지 전 세계에서 가장 높은 구조물로 자리했었다.

에펠탑이 최첨단 소재로 만들어졌다고?

진 시커먼 색깔에 이상한 모양을 한 건축물을 세운다고 하니 당시 파리 시민들의 염려와 걱정도 이해가 가는 면이 있다. 이처럼 설계 당시부터 파리 시민들의 극심한 반대를 겪은 에펠탑은 1889년 5월 15일 세계박람회 일정에 맞춰 완성되었는데, 불과 300여 명의 적은 공사장 인부와 2년 6개월의 짧은 건설 기간이 소요된 당시 토목공학의 획기적인 결실이었다. 즉 에펠탑은 19세기 기술의 승리이자 시대의 전환점이었던 것이다. 그 이유는 19세기 당시만 하더라도 '철'이라는 소재는 그저 평범한 하나의 소재가 아닌 기술과 진보를 상징하는 소재였기 때문이었다.

1884년 프랑스 정부는 1889년 파리 세계박람회 개최를 발표했고 박람회를 위한 건축 공모전을 열었다. 그래서 이때 프랑스 정부가 내건 공모전의 조건이 바로 19세기의 기술적 진보와 산업 발전을 상징할 만한 기념물을 만드는 것이었다. 이 공모전에 전 세계에서 700여 개가 넘는 계획안들이 출품됐다고 한다. 이렇게 많은 계획안들 중에서 프랑스 정부가 귀스타브 에펠이 제안한 오로지 철골로만 만드는 무려 300미터가 넘는 거대한 철골 탑을 최종 작품으로 선정했던 이유도, 바로 당시 철이라는 소재가 주는 획기적이고도 진보적인 상징성 때문이기도 했다. 즉 철이라는 소재를 이용해서 뭔가를 만든다는 것은 한마디로 최고의 국가 기술력을 자랑하는 것이었기 때문이다.

에펠탑처럼 처음 계획안을 공모하고 설계할 때부터 이렇게 많은 반대와 비난을 받았으며 반대로 완공되자마자 세계로부터 많은 찬사를 받은 건축물도 거의 없다고 한다. 아름다운 석조 건축물들이 즐비한 파리를 망가뜨린다는 시민들과 지식인들의 염려와 비난은 에펠탑이 완공되자 열렬한 찬사로 바뀌었는데, 미국의 발명왕 토머스 에디슨은 에펠탑을 향해 '위대한 기술과 아이디어의 현장'이라고 극찬하기도 했다. 그리고 설계자인 귀스타브 에펠은 "프랑스는 300미터의 깃대 위에서 국기가 펄럭이는 세계에서 유일한 나라입니다."라고 찬양했다고 한다.

04

유럽에서 프랑스에 흑인과 아랍인이 가장 많다고?

　프랑스를 여행해본 사람들이 하나같이 하는 말이 있는데, 왜 이렇게 흑인들과 아랍인들이 많이 사는가 하는 것이다. 특히 세계에서 가장 많은 관광객이 찾는 도시라는 파리가 유독 심해서, 조금 과장하면 파리지앵만큼 흑인과 아랍인들이 많다는 이야기를 하기도 한다. 정말 그런가? 물론 파리지앵만큼이나 많다는 말은 과장이겠지만 그 정도로 흑인과 아랍인이 많고 이에 프랑스 국민들의 걱정이 커져가는 것은 사실이다. 그렇다면 왜 유독 프랑스에는 흑인들이나 아랍인들이 많이 살고 있는 것일까? 그 이유는 프랑스가 유럽의 최고이자 전 세계에서도 알아주는 다문화 국가이기 때문일 것이다.

　최근 몇 년 전부터 우리나라에서도 난민 문제를 비롯하여 다문화에 대한 찬반 논쟁들이 사회담론 중 하나로 부상하면서 지대한 관심을 받고 있다. 우리나라는 2020년을 기준으로 인구의 5% 정도인 약 250~300

만 명의 외국인들이 국내에 들어와 있고, 법무부 출입국에 따르면 30년 후인 2050년에는 외국인이 대한민국 인구의 10%인 약 500만 명을 넘어설 것으로 예상한다. 즉 우리나라도 프랑스처럼 이미 다문화 국가의 반열에 올라선 것이다.

우리나라가 이처럼 다문화 국가로 나아가는 것에 대해서 찬성하는 사람들은 인도주의적인 측면에서 그리고 우리보다 가난하고 불쌍한 사람들이기에 받아줘야 한다고 주장하고, 반대하는 사람들은 증가하는 외국인들로 인한 치안 불안과 일자리 감소를 이유로 들고 있다. 이에 따라 최근 들어서는 외국인 혐오증인 제노포비아 현상[12]이 점차 거세지고 있는 것도 사실이다. 게다가 다문화에 반대하는 사람들이 하나같이 언급하는 것 중 하나가 바로 세계 최고의 다문화 국가인 프랑스가 많은 흑인들과 아랍인들로 인해서 인종 간 갈등이 증가했고 폭력과 테러도 증가해서 국가적인 골치라는 것을 언급한다. 또한 프랑스는 실패한 다문화 국가라고 주장하면서 우리나라가 제2의 프랑스처럼 될 것을 염려하기도 한다.

그렇다면 프랑스는 왜 그렇게 많은 흑인들과 아랍인들을 받아들였을까? 프랑스는 정말 실패한 다문화 국가일까? 프랑스가 수많은 이슬람인들을 받아들인 것은 19세기 말로 거슬러 올라간다. 19세기 말 독일과 군

---

12 제노포비아(Xenophobia) : 이방인이나 외국인에 대한 공포증, 혐오증, 기피증. 이것은 이방인이나 외국인이 자기 자신과 외모나 성격적인 면에서 다르다는 이유로 근거 없는 두려움에 사로잡혀 경계하는 심리이다. 특히 '다른 존재'의 대상이 누구냐에 따라 경계의 심리가 나타나고 '다른 존재'를 배척하고 경계하는 차별적 인종주의와 깊이 연관되기 때문에 경계해야 한다고 주장한다.

유럽에서 프랑스에 흑인과 아랍인이 가장 많다고?

사적으로 경쟁관계에 있던 프랑스는 혈통주의에 근거하던 국적법 체계를 영토 내에 거주하는 모든 외국인들에게 국적을 부여하는 거주지주의로 전환하였다. 1889년에 개정된 국적법은 "프랑스에서 태어난 외국인 아버지에게서, 프랑스에서 태어난 자는 자동적으로 프랑스인이 되고, 성년에 프랑스 국적을 포기할 수 없다"고 규정하고 있다. 1차 세계대전 이후 프랑스는 인구학적 불균형을 해소하고 동시에 전후 복구사업을 위해 많은 이주민들을 받아들였다. 식민지 알제리로부터의 무슬림 이주도 이때 시작되었다. 프랑스 정부는 전시 군복무를 한 대가로 이들에게 국적 취득 절차를 간소화시켰다. 1927년 개정 국적법은 프랑스에 3년 거주하면 국적을 부여하도록 되어 있어 프랑스 국적법 가운데 가장 유연한 국적 취득 조건을 제공하였다.

2차 세계대전 이후 유럽계 노동자들이 자국으로 귀환하자 프랑스 정부는 알제리를 비롯한 북아프리카 국가 출신 무슬림들의 이주를 적극적으로 허용하였다. 알제리 전쟁(1954~1962년)으로 노동력이 부족해지자 북아프리카 무슬림에 대한 의존도는 더욱 높아졌다. 양차 세계대전 동안 프랑스에 협력한 대가로 알제리인들은 시민권을 제공받았다. 알제리 전쟁 기간 중 잠시 주춤하였던 알제리인들의 이주는 1962년 알제리와 프랑스 간의 정전협정으로 다시 증가하였다. 그 결과 프랑스의 이민자들은 곧 무슬림 이민자를 지칭할 정도로 많은 수의 무슬림들이 유입되었다. 이런 과정을 거쳐서 프랑스는 유럽에서 가장 많은 이슬람인과 무슬림인들이 사는 나라가 된 것이다.

이런 프랑스에서 외국인 이민과 이민자 문제가 본격적으로 사회적인 관심을 끌고 연구의 대상이 된 시기는 1980년대 이후부터이다. 특히 당

프랑스 좌파인 사회당 로고.
사회당은 유학생을 비롯한
외국인들에게 유리한 정책을 폈다.

프랑스 극우정당인 국민전선 로고.
국민당은 민족주의 표방, 반난민정책
등 자국민 우선정책을 폈다.

시 집권당으로서 외국인 이민자 문제를 긍정적이며 열린 시각으로 바라보던 사회당(PS, Parti Socialiste)의 지원으로 이민 공동체들이 활성화되면서부터 이 문제는 프랑스 사회에서 새롭게 주목받게 된 것이다. 하지만 곧이어 극우정당인 국민전선(FN, Front National)[13]이 프랑스인들의 정체성에 대한 불안감을 교묘히 이용하면서 정치무대에 등장함으로써 이민자 문제는 뜨거운 관심을 받는 요소가 됐다.

13 국민전선 : 1972년 장-마리 르펜(Jean-Marie Le Pen)에 의해 창당된 FN은 극우를 표방하는 민족주의 정당으로서 '민족전선'이라고 번역된다. 이 극우 정당의 원래 명칭은 '단일한 프랑스를 위한 국민전선(FNUF, Front national pour l'unité française) 이다. 장-마리 르펜은 2002년 대통령 선거에서 예상을 뒤엎고 16.86%라는 높은 지지를 바탕으로 당시 사회당 당수였던 리오넬 조스팽(Lionel Jospin)을 따돌리고 우파였던 자크 시라크(Jacque Chirac)과 함께 2차 결선투표에까지 올랐던 인물이었다. 르펜을 비롯한 극우정당은 특히 외국인 이민자 문제를 정치적으로 활용하면서 국민들의 사회에 대한 불만을 이용하고 있으며 최근 들어 힘들어진 세태를 반영하듯 국민들의 인기를 등에 업고 세력을 확장하고 있는 실정이다. 2012년과 지난 대선에서도 국민전선은 그 위세를 마음껏 발휘했고 일종의 캐스팅보트 역할을 하기에 이르렀다. 이처럼 높아진 극우정당의 인기야말로 프랑스 국민과 사회가 외국인 이민자들을 어떻게 바라보고 있는지를 잘 보여주는 바로미터라고 할 수 있다.

오랜 세월 북아프리카와 이슬람권에서 가난하고 핍박받는 사람들을 받아들이며 포용정책을 펼쳤고, 프랑스인들도 그런 사람들에 대해 프랑스의 국시인 평등과 박애의 마음으로 받아들였는데, 이제 그런 마음들이 닫히게 된 것이다. 프랑스에서 외국인 이민자들에 대한 두 가지 상반된 시각, 즉 그동안의 이민자 정책을 긍정적으로 바라보는 것과 반대로 부정적인 것으로 바라보는 시각이 나오게 된 것도 이때부터로, 극우정당이 등장하는 것과 궤를 같이한다.

대표적인 다문화 국가인 프랑스는 지금까지 어떤 다문화 정책을 펼쳐왔고 현재 그 결과는 어떠한가? 그리고 국내에 거주하는 외국인들이 점점 증가하면서 필연적으로 다문화 국가로 갈 수밖에 없는 대한민국은 어떤 다문화 정책을 펼쳐야 할 것인가? 프랑스, 미국, 캐나다 등을 비롯해서 다문화 사회를 유지하고 있는 다문화 국가들은 다양한 유형의 이민자 통합 모델을 채택하고 있다. 이들 유형은 외국인 이민자를 받아들이는 인식의 차이, 즉 배제냐 수용이냐에 따라 동화(assimilation), 차별적 배제(differential exclusion)[14], 그리고 다문화주의(multiculturalisme)로 나누어진

---

14 차별적 배제 정책 : 독일이 가장 대표적인 예가 될 것이다. 이 정책의 요지는 배타적인 이주 정책을 비롯해서 매우 제한적이고 엄격한 국적 취득 등, 매우 엄격한 법의 잣대를 적용한다는 것이다. 즉 독일은 이민국이 아니며 국민을 형성하는 조건은 자국에서의 출생과 인종적인 특성에 기인한다는 것을 공식적으로 강조하는 정책이다. 이처럼 차별적 배제 정책은 자국에서 태어나는 것을 매우 중시하기 때문에 이런 측면으로 본다면 프랑스의 동화주의 모델보다도 더 엄격한 법 집행을 하는 폐쇄적인 정책으로 순혈주의와 단일민족주의의 모습으로 나타나기도 한다.

이 정책에서는 우월한 아리안 민족의 존재와 가치를 공식적으로 인정하며 외국인 이민자들이나 소수자들의 존재와 가치는 동화와 배제를 통해서 통합시키는 것을 우선시한다. 그러므로 이 정책은 다문화주의와는 반대로 외국인 이민자들의 문화

다. 결론적으로 보면 프랑스의 경우는 오랜 시간 동안 동화주의 정책을 국가의 다문화 정책으로 표방해왔는데, 이런 정책이 최근 들어 심각한 위기를 맞이하고 있는 것이다.

프랑스가 추구했던 동화주의 정책은 언어, 문화적 요소 등 이민자들이 갖고 있는 문화적 고유성과 정체성을 포기하고 프랑스가 원하는 과정을 잘 따라오면서 사회에 통합되기를 바라는 정책이다. 동화주의 모델이 선택되는 이유는 국가와 사회의 동일한 정체성의 유지와 통일을 그 무엇보다 중시하기 때문이다. 동화주의는 동화 대상 집단, 즉 외국인 이민자들이 주류집단의 문화와 가치관에 큰 거부감 없이 잘 따라올 것이라고 기대하고 시행하는 흡수통합 방식이다. 동화주의 정책에 따라 이민자들은 동화의 과정을 거치면서 그들이 가진 문화, 종교, 관습, 정체성 등을 버리고 주류집단이 원하는 대로 주류집단의 정체성을 닮아가게 되는 것이다.

적 다양성과 그들 소수자들의 고유한 정체성을 인정하지 않는 이데올로기적인 정책이라고 할 수 있다.

외국인 이민자들을 향한 이런 차별적 배제 정책은 최근까지도 이어지고 있는데, 예를 들어 선거권 같은 경우, 어릴 때 외국으로 이민을 갔거나 외국에서 출생한 독일인이거나 혹은 독일어나 독일 문화를 전혀 알지 못하더라도 귀국 즉시 독일 국민으로 간주해서 모든 권리와 혜택을 부여한다. 반면, 외국인 이민자의 경우 비록 독일에서 출생해서 교육을 받았다고 하더라도 계속 외국인으로 간주해서 차별과 배제의 대상으로 분류하는 것이다.

과거 1960년대 우리나라에도 간호사와 탄광 노동자로 독일에 갔었던 사람들이 많았는데 이들 외국인 노동자들이 본국으로 귀국하지 않고 잔류하는 경우 독일은 법과 정부기관 그리고 국가 경찰까지 이용해서 이들 외국인 노동자들을 철저히 차별, 배제하는 강력한 이민자 정책을 폈었다.

동화주의 정책은 외국인 이민자들이 주류문화에 대한 반감과 저항이 없고 주류사회가 원하는 대로 동화돼서 주류사회의 시민으로서의 의무를 잘 이행한다면 그들에게 국적이나 시민권을 부여하기도 한다. 이 부분이 바로 독일을 중심으로 한 차별적 배제주의 정책을 펴는 국가들과의 차이점이기도 하다. '동화'를 통한 외국인 이민자 통합이라는 목적은 국가의 입장에서는 소수자들인 이민자들의 반발만 없다면 최상의 국가정책이 될 수 있다. 그러나 최근 들어 소수자들인 이민자들의 수가 급격히 증가하면서 이러한 동화주의 정책은 심각한 도전과 위기에 직면하고 있다. 그 이유는 동화의 형태와 방식이 소수자들의 문화와 정체성에 대한 존중과 이해보다는 강제와 강요적인 방식을 쓰기 때문이다. 현대에 와서 이민자들이 많아지고 이들이 서서히 자신들의 목소리를 내기 시작하고 자신들의 정체성을 표현하려 하자 주류사회와의 갈등은 불가피하게 됐다. 이런 갈등이 표면적으로 폭발했던 사건이 바로 지난 2005년 파리 방리유 소요 사태[15]이다.

15 파리 방리유 소요 사태 : 방리유는 파리 근교를 지칭하는 말로서, 사건의 시발점은 파리 북쪽에 위치한 클리쉬 수 부아(Cliche-sous-Bois)라는 곳이었다. 이곳은 파리 북쪽에 있는 작은 도시로서 프랑스 이민자 출신들이 많이 거주하는 곳 중 하나였다. 이곳에 살던 이민자 가정 출신의 10대 청소년들이 2005년 10월 27일 경찰 검문을 피해 달아나다가 고압전선에 감전되면서 사망한 사건을 계기로 폭발한 것이 방리유 소요 사태이다. 경찰들의 차별적인 불심검문이 옳으냐 그르냐 하는 문제를 떠나, 이 사건은 그동안 프랑스 사회에서 알게 모르게 차별과 억압을 받으며 살아왔던 아프리카 이민자 출신 젊은이들의 분노를 이끌어냈다. 결국 이 사건은 프랑스가 그동안 추구해왔던 동화주의 정책에 기반한 외국인 이민자 통합정책에 여러 가지 문제를 던졌다. 프랑스는 그동안 외국인 이민자들을 위한 다양한 정책들을 유지해 왔고 그런 정책들이 효과적이라고 여겼는데, 이 사건을 통해서 이러한 외국인 이민

화염병과 총, 최루탄이 난무하는 파리
방리유 소요 현장

전국적으로 확산된 파리 방리유 사태

그렇다면 프랑스는 왜 하필이면 동화주의 정책을 다문화 정책의 핵심으로 삼았을까? 그 이유는 프랑스의 공화주의 이념은 하나의 집단 정체성만을 인정하기 때문이다. 그렇기에 프랑스를 분리할 수 있는 그 어떠한 정체성의 등장도 절대 국가적으로 용인되지 않는다. 프랑스의 사

자 정책에 심각한 문제가 있음이 드러난 것이다.

프랑스 정부의 예상과는 달리 이 사건은 수많은 이민자 출신 젊은이들의 공분을 끌어내면서 전국적으로 확대되었다. 파리 근교에서 시작된 외국인 이민자들의 소요가 무려 20개 이상의 대도시로 확산된 것이다. 파리 방리유 사태는 프랑스 사회에서 68 학생운동 이후로 가장 크게 기성사회와 젊은이들이 충돌한 사건이기도 했다. 약 3주에 걸쳐 이민자 출신 젊은이들과 경찰의 충돌이 계속되면서 무려 만여 대 이상의 차량이 불에 탔고, 3천여 명 이상의 이민자 출신 젊은이들이 경찰에 체포되거나 다쳤으며, 시위 진압에 나섰던 수백 명의 경찰도 큰 부상을 입었다. 이민자 출신 젊은이들의 소요와 반발이 점차 거세지자 당시 내무장관이었던 사르코지(전 대통령)는 야간 통행금지령과 비상사태법을 프랑스 국내에서는 처음으로 발동시켜야 했을 정도로 매우 심각한 충돌이었고 프랑스 사회에 큰 충격을 가져다준 상징적인 사건이었다.

회통합의 원리가 '동화'에 기반을 두는 것은 바로 이것 때문이다. 즉 프랑스의 동화주의 정책은 프랑스의 기본적 가치, 즉 프랑스의 공화주의 이념에서 나온 것이다.

공화주의 이념의 핵심은 바로 프랑스 공화국은 어떠한 종교나 개인, 그 밖의 단체에 의해서 절대 분리될 수 없다는 완전한 단 하나의 실체라는 것이다. 양보할 수 없는 이 국가적인 가치 때문에 프랑스는 자국과 다른 가치관을 가졌거나 이질적인 문화를 주장하는 외국인 이민자들을 용인할 수 없었다. 반대로 이러한 프랑스의 가치관에 부합하는 이민자들이면 다른 국가에서 거부하더라도 프랑스가 받아들이고 프랑스인들처럼 만들겠다는 것이 바로 동화주의 정책이다. 이런 이유로 20세기 들면서부터 수많은 흑인들과 이슬람권 출신 이민자들이 동화주의 아래 포용하려는 프랑스로 많이 들어왔던 것이다. 이것이 파리를 비롯한 프랑스 전역에 흑인들과 아랍인들이 유난히 많은 이유였다.

그러나 외국인 이민자들을 다루는 데 자신감을 가졌던 프랑스도 최근 들어서는 이들 이민자들로 인한 불안감이 점점 가속화하고 있다. 현재 프랑스를 비롯한 서유럽 국가들은 날로 증가하고 있는 외국인 이민자들, 특히 그중에서도 무슬림들의 증가에 매우 심각한 우려의 눈길을 보내고 있는 것이 사실이다. 이것이 더욱더 프랑스로 하여금 동화주의 모델을 유지하도록 만든 현실적인 이유가 되기도 했다. 그러나 이런 프랑스도 미래에는 기존의 동화주의 정책에서 다문화주의 정책[16]으로 나

---

16 다문화주의 정책 : 다문화주의가 등장한 것은 그렇게 오래되지 않았다. 정치적으로 민주주의가 발전하고 개인의 자유와 평등 그리고 개인의 권리에 대한 인식이

제2부 알아두면 더 재미있는 프랑스 문화

아갈 것을 고민하고 있으며 결국에는 그런 방향으로 나가게 될 것이다.

현재 프랑스의 무슬림들은 프랑스 인구의 약 10%인 600만 명에서 700만 명[17] 정도로 추정되고 있는데, 빠르게 증가하는 무슬림들이 단지 프랑스 젊은이들의 일자리를 대신 차지하거나 치안 문제를 일으키는 정도로 보고 있지 않다. 이들 현실적인 문제보다 프랑스 사회와 프랑스 사람들이 정말 두려워하고 염려하는 것은 바로 이들 외국인 이민자들 중

강화되고 확산되기 시작한 1970년대부터 본격적으로 다문화주의 정책이 나왔다. 다양한 인종과 민족이 한 사회에서 함께 살아가면서 정체성에 대한 갈등과 문제가 일어나자 국민통합을 위한 이념의 한 방편으로서 그 필요성이 강하게 제기됐던 것이다.

사실 다문화주의라는 용어는 일반인들에게는 긍정적인 의미로 받아들여지고 미국에서는 문화다양성으로 이해되기도 한다. 올리에(Ollier)에 의하면 "다문화주의는 흔히 소수문화의 인정, 문화 다원주의, 다양한 문화의 소통, 공동체주의처럼 긍정적인 의미"로 이용된다. 이처럼 '다문화주의'라는 용어에 대한 긍정적인 반응은 선진국뿐만 아니라 우리나라에서도 거의 동일하게 사용된다.

동화주의 정책이 외국인들이 자신들이 가진 고유한 문화적 정체성을 포기하고 주류집단의 문화를 따르는 것이라면 다문화주의는 고유한 정체성을 버리지 않더라도 주류사회의 완전한 구성원이 될 수 있다는 것이다. 이것이 동화주의 정책에 비해 다문화주의 정책이 갖는 가장 큰 장점이자 차이점이다. 사실 그동안 외국인 이민자를 사회로 흡수하는 방식은 동화주의 정책을 통한 수용이 보편적이었다. 그러나 동화주의 모델은 많은 이민자들의 반발로 인한 사회적 갈등을 불러일으켰다. 이것은 결국 그동안 시행해왔던 동화주의를 통한 사회통합 정책들을 전면 재검토해야 하는 상황이 됐음을 의미하는 것이었고 이로 인해 새로운 대안으로 다문화주의가 나오게 된 것이다.

17 유럽의 무슬림 숫자는 영국이 약 150만, 이탈리아와 스페인이 약 60만, 독일이 450만 명 정도인데 이들 국가들에 비하면 700만 가까이 되는 프랑스의 무슬림들 숫자는 매우 높은 것이다. 이처럼 다른 국가들에 비해 압도적으로 무슬림 숫자가 많다 보니까 프랑스인들이 느끼는 불안감도 상대적으로 더 큰 것이다.

가장 다수에다가 가장 호전적이기까지 한 무슬림들로 인해 프랑스의 국가적 정체성이 위기를 맞지 않을까 하는 것이다. 이런 걱정과 두려움이 인종 혐오, 즉 제노포비아 현상을 야기해서 사회 분열의 원인이 되기도 한다. 동화주의 정책에 기반한 프랑스의 다문화주의 정책은 이미 다문화 국가의 대열에 들어선 우리나라도 참고할 바가 클 것이다.

05

17세기에 문을 연 카페가 아직도 파리에서 영업을 한다고?

문화와 예술의 나라인 프랑스와 파리를 떠올리면 무엇이 가장 먼저 연상되는가? 에펠탑? 개선문? 루브르와 오르세 박물관? 아니면 노트르담 대성당? 혹은 몽마르트 언덕? 아마도 많은 사람들이 이런 유명한 관광지를 가장 먼저 연상할 것이다. 재미있는 말이 있는데, 파리에 여행을 온 관광객들은 대부분 저런 유명 관광지를 가장 먼저 떠올리고 파리에서 오래 살아온 사람들은 다른 것을 연상한다고 한다.

무엇일까? 프랑스에 오래 산 파리지앵들이 가장 먼저 연상하는 것은? 그렇다. 바로 프랑스의 정신적인 문화유산이라고 할 수 있는 카페다. 그중에서도 야외 테라스가 있는 노천카페야말로 가장 프랑스적인 문화라고 할 수 있는 것이다. 파리에 오래 살았던 필자 역시 가장 그리운 것이 바로 노천카페에 앉아서 사람들 구경하고 책 읽던 시간이다.

프랑스에는, 파리에는 왜 이렇게 노천카페가 많은 것일까? 가장 기

한국인 관광객들이 가장 많이 찾는 레 두 마고(Les Doux Magots) 카페(위)와 카페 드 플로르(아래), 레 두 마고는 피카소, 카뮈, 헤밍웨이가 즐겨 찾았던 카페고, 카페 드 플로르는 사르트르가 진한 에스프레소 한 잔을 시켜놓고 12시간씩 앉아서 작업을 했던 곳으로 유명하다. 카페 레 두 마고는 프랑스 문화재로도 지정됐다.

제2부 알아두면 더 재미있는 프랑스 문화

본적인 이유는 프랑스인들에게 있어 카페는 함께하는 음료수이자 대화를 부르는 음료이기 때문이다. 프랑스어 '카페(café)'는 커피를 마시는 장소를 뜻하지만, 커피 그 자체(coffee)를 의미하기도 한다. 이런 의미에서 카페는 프랑스인들에게는 그냥 장소가 아닌 만남과 소통의 장소인 것이다. 마치 우리 옛날 어르신들이 동네 주민들과 만나고 소통하던 시골집의 사랑방 같은 장소가 바로 프랑스인들이 생각하는 카페인 것이다.

프랑스인들은 카페(커피)를 집으로 배달시켜서 마시는 것을 이해하지 못한다. 그래서 동남아시아나 다른 나라에서 배달 커피가 증가하는 것에 비해서 유럽에서는 테이크아웃이나 배달 커피 매출량이 가장 적다. 프랑스인들은 커피를 대화하는 커피, 만나는 커피, 소통하는 커피, 토론하는 커피 그리고 사랑하는 커피라고 생각하기 때문이다. 그런 이유에서 프랑스가 자랑하는 철학이나 사상, 문화와 예술을 만든 힘은 카페에 모여서 커피 한 잔을 놓고 치열하게 토론하는 습관에서 만들어졌던 것이다.

이것이 바로 카페(Café, 장소)와 카페(Café, 음료)의 위대한 힘이자 프랑스만의 독특한 문화이다. 프랑스인들에게 카페는 삶의 원천이자 모든 지성의 본부였으며 모든 문화, 예술, 사상의 집합지였다. 『사회계약』이라는 유명한 책을 써서 프랑스대혁명에 불을 지폈으며 계몽사상을 발전시켰던 대철학자 장 자크 루소는 죽음을 앞두고 "아, 더 이상 커피 잔을 들 수 없게 됐구나!"라면서 아쉬워했다고 하니 프랑스인들의 커피 사랑이 얼마나 큰지 알 수 있을 것이다.

태양왕 루이 14세 시절부터 프랑스의 문화와 예술을 견인했던 또 다른 장소인 살롱(Salon)이 귀족들과 귀부인들 그리고 지성인들 중심의 지극히 폐쇄적인 장소였다면, 카페는 커피 값으로 동전 하나만 지불하면 신분과 직업에 구애받지 않고 누구나 갈 수 있었고 누구와도 어울리면서 자신의 생각을 논할 수 있었던 곳이었다. 이런 카페에서는 수많은 민중을 만날 수 있었고 국정에 대해 치열하게 토론할 수 있었으며 개혁에 대한 논쟁도 할 수 있었는데, 이러면서 개혁의식이 구체화되다가 결국 프랑스대혁명으로 연결됐던 것이다. 그러므로 프랑스에서 카페는 평등과 인권을 위한 장소이기도 했던 것이다.

카페는 어떻게 해서 프랑스에 자리 잡게 되었을까? 커피의 역사는 9세기경 아프리카 에티오피아에서 시작, 예멘을 거쳐 아라비아로 전해졌고 옛날에는 검은 색깔로 인해 종교적인 제사를 지낼 때 사용되었다. 아프리카와 중동을 거쳐 유럽에 들어온 커피는 처음에는 환영받지 못했다. 그 이유는 종교적인 문화 때문이었는데, 이탈리아의 무역상들을 통해서 이슬람권에서 많이 마시던 검은 음료인 커피가 유럽에 들어왔지만 기독교 문화가 지배하던 유럽에서 이슬람권의 문화는 배척의 대상이었던 것이다. 당시 유럽의 기독교 문화에서는 커피를 '이슬람 사람들의 와인'이라고 부르면서 멀리했다. 기독교와 상극이었던 이슬람 문화에서 인기 있는 음료였기에 당시 유럽인들은 이방신을 섬기는 이교도들이 마시는 커피를 배척했던 것은 나름 이해가 가는 면이 있다.

이처럼 커피에 대해 극도의 거부감을 보였던 유럽인들이 커피를 수용하게 된 것은 1600년경 교황 클레멘스 8세에 의해서였다. 이슬람 지역에서 들어온 커피를 마셔본 교황의 측근들은 영롱한 와인과 달리 색깔도 시커멓고, 달달한 와인에 비해 맛도 쓴 커피에 대해 "색깔이 검은 악마의 음료다"라면서 교황에게 악마의 음료라고 공식 선포하도록 청원

유럽 최초의 카페인 카페 플로리안

을 했다. 이 청원을 들은 교황은 자신이 직접 커피를 마셔보았고 "악마의 음료치고는 너무 맛있다"고 하면서 오히려 커피를 인정하게 됐다. 기독교의 수장인 교황의 공식적인 인정이 있었으니 유럽에서도 커피가 정식으로 유통되는 것은 시간문제였던 것이다.

교황의 공식 허락 이후, 1629년 이탈리아 베네치아에 유럽의 첫 번째 카페가 문을 열었다. 참고로 중동 지방에 문을 연 최초의 카페는 1475년 오스만제국의 수도인 콘스탄티노플(오늘날의 터키 이스탄불)에 문을 연 '키바 한(Kiva Han)'이었다. 그러다가 오스만제국과 활발하게 무역을 주고받던 베네치아의 항구를 통해서 커피가 베네치아로 들어오게 됐고 결국 유럽 최초의 카페인 '카페 플로리안(Caffè Florian)'이 생겨났다.

이어서 1650년경 런던에도 카페가 생겼으며, 드디어 파리에는 1672년 처음으로 개장하면서 카페는 본격적으로 문화, 예술, 문학 그리고 정치와 사상을 논하는 최고의 장소로 자리를 굳히게 됐던 것이다. 이렇게 해서 생겨난 파리 최초의 카페가 바로 볼테르와 루소, 디드로 등 당대 최고의 프랑스 계몽주의 사상가들의 아지트 역할을 했고, 지금도 파리 한복판에서 수많은 사람들의 사랑을 받고 있던 카페 르 프로코프(Le

17세기에 문을 연 카페가 아직도 파리에서 영업을 한다고?

프랑스 최초의 카페
르 프로코프

Procope)이다.

좀 더 자세히 살펴보면, 파리에 처음 커피가 들어온 것은 파리에 주재했던 오스만제국의 대사 술레이만(Suleiman)이 화려한 저택을 빌려서 멋지게 꾸며놓고 파리의 명사들을 초청한 데서 시작됐다고 본다. 당시 술레이만의 초대를 받아 모인 사람들에게 가장 인기를 끌었던 것이 바로 커피였다. 술레이만은 프랑스인들에게 아직 생소했던 커피를 대접하

제2부 알아두면 더 재미있는 프랑스 문화

면서 취득한 고급 정보를 오스만제국으로 넘기기도 했다.

당시 파리 사교계에서는 커피 원두를 어떻게 추출해야 가장 맛있는 커피가 되는지가 논쟁이 될 정도였다고 하니 17세기 중반 당시 파리 사교계에서 커피의 인기를 짐작할 수 있다. 이런 인기에 힘입어 파리 오데옹 지역에 드디어 최초의 카페가 문을 열었으니 그게 바로 위에서 언급한 카페 르 프로코프이다. 오데옹 지역은 파리의 소르본대학 근처이자 프랑스 최고의 연극 국립극장이 있는 곳이어서 연극배우, 극작가 등의 출입도 매우 빈번했고 우리가 알 만한 프랑스 유명인들이 모두 단골이었다.[18]

르 프로코프는 문을 열자마자 지성인들의 집합소 역할을 했는데, 특히 계몽주의자들이 날마다 들락거렸다. 프랑스 최초의 백과전서를 편찬했던 디드로(Diderot)는 주로 이 카페에서 백과전서를 집필했고, 볼테르(Voltaire)도 여기서 하루에 커피 열두 잔을 마시며 사색했다고 한다. 그는 "커피가 정말 독약이라면 그것은 천천히 퍼지는 맛있는 독약이다"라고 하면서 커피 애찬론을 펼쳤던 사상가였다. 그 외에도 프랑스 최고의 극작가 몰리에르, 라신을 비롯해 라 퐁텐, 퐁트넬, 발자크, 몽테스키외, 볼테르, 달랑베르, 디드로, 보마르셰, 시인 랭보까지 단골들의 면면이 매우 화려했다. 쇼팽, 들라크루아, 상드 등도 단골이었다.

유럽을 호령했던 작은 거인 나폴레옹도 청년 장교(중위) 시절 이 카페의 단골이었다. 어느 날 커피를 여러 잔 마신 후에 돈이 부족했던 그는

---

18 유럽 고급 레스토랑의 웨이터들이 정장을 멋지게 차려입는 것도 당시 르 프로코프에서 처음 시작된 관습이었다.

나폴레옹이 맡긴 모자

커피 값 대신 자신의 멋진 모자를 카페에 맡겼는데, 이 모자가 지금도 르 프로코프에 전시되어 있다. 외상값을 갚고 모자를 찾아갔어야 할 나폴레옹이 이후 승승장구하면서 황제가 되고 유럽 정벌을 다니느라 르 프로코프 카페에 맡겼던 모자를 깜박 잊었으리라고 추측된다. 그는 살아생전 약 120여 개의 모자를 사용했다고 하는데 그중 하나가 지난 2014년 파리 근교 퐁텐블로 오세나 경매소에서 열린 경매에서 한국인에게 낙찰되어 한국으로 들어왔다.[19]

또한 르 프로코프는 혁명의 산실이기도 했다. 혁명 당시 리더 중 한 명이었던 자크 르네 에베르의 경우 장 폴 마라, 당통 등과 함께 매일 밤마다 이곳 르 프로코프에 모여서 혁명에 대한 당위성과 작전 등을 논의했다. 혁명 이후 발생한 여러 건의 크고 작은 혁명과 폭동도 여기서 논의됐고 실행에 옮겨졌다. 프랑스대혁명의 상징으로 여겨지는 '프리지아 모자'(혁명 때 자유의 상징으로 머리에 썼던 붉은 모자)도 프로코프에서 처음 시작됐다.

---

19 이 모자를 낙찰받은 사람은 닭고기로 유명한 식품업체 하림의 회장이다. 그는 평소 좋아하던 나폴레옹의 명언인 "내 사전에 불가능이란 없다"라는 메시지를 회사 경영에 적용하기 위해 나폴레옹의 모자를 구입했다고 한다. 현재 이 모자는 하림 사옥 로비에 전시되어 있다. 경매 낙찰가는 188만 4,000유로(약 26억 원)이었다.

우리나라의 경우, 커피를 최초로 마시고 좋아했던 사람은 고종 황제라고 알려져 있다. 고종이 커피를 접하게 된 배경에는 아픈 역사가 있는데, 바로 아관파천[20]이었다.

1896년 2월 11일, 이날은 한국 역사에서 매우 특별한 날이다. 단일 왕조로는 세계 최장수 왕조인 이씨 조선 왕조가 실질적인 종말을 고한 날이기 때문이다. 을미사변[21] 이후 언제 암살을 당할지 모른다는 신변의 불안을 느끼고 있었던 고종이 왕궁을 떠나서 러시아 공사관으로 몸을 피했으니, 그것을 아관파천이라 한다.

러시아 공사관에 피신해 있는 동안 고종은 다양한 서양 문물을 많이 경험하게 됐는데 그중 하나가 바로 커피였다. 즉 우리나라 커피의 역사는 아쉽게도 국가적 비극을 통해서 시작됐던 것이다. 러시아 공사관 생활을 끝내고 다시 덕수궁으로 돌아온 고종은 그곳에서 마셨던 커피의 맛을 잊지 못해서 덕수궁 경치 좋은 곳에 '정관헌'이라는 멋진 건물을 짓

---

20 아관파천(俄館播遷) : 1896년 2월 11일, 친러시아 세력과 러시아 공사 베베르(Veber)가 공모하여 비밀리에 고종 황제를 러시아 공사관으로 옮긴 사건으로 '노관파천(露館播遷)'이라고도 부른다. 여기서 '아관'은 러시아 공사관을 말하며 당시 서울 정동에 위치하였다. 고종 황제가 러시아 공사관으로 들어가면서부터 친일정권이 무너지기 시작하여, 황제가 아관에 머무르는 1년 동안 친러파가 친일파를 몰아내고 대한제국의 정권을 장악하면서 당시 김홍집 내각이 무너지는 계기가 됐다.

21 을미사변(乙未事變) : 1895년 10월 8일 새벽, 일본이 경복궁을 습격해 조선의 왕비 명성황후를 시해한 사건을 말한다. 조선 침략의 최대 걸림돌을 제거해 한반도와 그 주변에서의 지배권을 회복하기 위해 일본과 친일파들이 동조하면서 저지른 만행이었다. '여우사냥', 이것이 바로 일본이 명성황후 시해 작전에 붙인 이름이었다. 명성황후가 시해된 지 두 시간 뒤, 고종은 육군 중장 출신의 암살 전문가인 미우라 공사의 강요에 따라 친일 개화파 중심의 김홍집 내각을 조직했다.

고종 황제가 커피를 즐겨 마셨던 정관헌

고 그곳에서 왕실 사람들, 대신들, 외국 사절들과 함께 고종이 좋아했던 고전음악을 들으며 커피와 다과를 나눴다고 한다. 이것이 바로 우리나라 최초의 카페인 셈이다.

물론 이곳은 왕실과 고위 대신들 전용이었고, 이후 일반인들이 갈 수 있는 좀 더 대중적인 최초의 커피숍은 1902년 서울 정동에 세워진 '손탁 호텔'에 생겼다. 러시아 공사의 처형이며 독일계 러시아인이었던 손탁(A. Sontag, 1854~1925)에게 아관파천 당시 많은 도움을 받았던 고종은 그녀에게 정동에 있는 건물을 주었고 이게 손탁 호텔이 됐던 것이다. 이 호텔 1층에 사람들이 모여서 정치·사회 문제를 논하는 사교클럽이 생겼는데 이게 바로 '정동 구락부'였다. 이곳에서는 음식과 술은 물론이고 고종이 좋아했던 커피도 마시면서 사교할 수 있었는데, 지금으로 치면 호텔 커피숍이었던 것이다.

한편 커피를 서민들에게까지 알린 것은 젊은 프랑스 형제였다. 1900년 파리 세계박람회에 전시된 고종 황제의 초상화와 조선관을 보고 나서 한국으로 온 폴 플레장(Paul Plaisant)과 안톤 플레장(Anton Plaisant)이 그들이다. 형제는 한국에 와서 땔감 장사로 많은 이득을 보았는데, 이때

손탁 호텔

그들이 나무꾼들에게 나무를 사면서 내준 음료가 커피였다. 나무꾼들은 서양 사람들이 주는 따끈한 국이라고 생각해서 이 커피를 '양탕국'이라고 불렀다.

17세기에 문을 연 카페가 아직도 파리에서 영업을 한다고?

향수의 본거지가 파리가 아니라고?

프랑스, 그중에서도 파리는 많은 여성들에게 로망의 도시로 확고한 인기를 누리는 곳이다. 전 세계에서 가장 많은 관광객들이 방문하는 나라이지만 특이하게도 남성들보다는 여성들에게 압도적으로 인기가 많다. 지금이야 유럽에 가는 게 많이 쉬워졌지만 옛날 우리나라에서 설문조사를 하면 여성들이 가장 가고 싶은 나라를 꼽을 때 항상 1위에 선정됐다.

에펠탑과 개선문, 루브르 박물관과 샹젤리제로 이어지는 수많은 관광지와 유적들 그리고 보르도와 부르고뉴 와인을 비롯한 치즈, 바게트 등이 전 세계 관광객들과 여성들을 프랑스와 파리로 끌어들이고 있다. 그러나 이들 요소들 외에 여성들에게 인기 있는 한 가지 이유를 더 추가한다면 파리가 밀라노와 더불어 세계 최고의 패션의 도시이자 화장품과 향수 등 명품 코스메틱으로 유명한 도시라는 것이다. 루이뷔통, 샤넬,

중세 모습 그대로의
그라스

디올 등 유명한 명품과 향수 회사들은 거의 다 파리에 본점을 두고 있다는 사실만 봐도 파리가 얼마나 화장품과 향수 등 코스메틱으로 유명한지 짐작할 수 있을 것이다.

최근 들어 한류가 유행하면서 중국을 비롯한 태국, 베트남 등 동남아 국가들에서 우리나라 화장품, 즉 K-뷰티의 인기가 높아지고 있지만 전통적으로 파리야말로 명품 화장품과 향수 등 코스메틱 분야에서 가장 앞선 도시다. 전 세계 화장품 매출에서 프랑스의 로레알 계열 회사들이 무려 60%를 차지하고 나머지 회사들이 40%를 차지하는 것만 봐도 프랑스 코스메틱의 힘은 막강하다. 이들 코스메틱과 패션 등이 인기가 많기 때문에 더욱더 파리가 여성들에게 로망의 도시가 되고 있는 것이다.

파리의 여러 거리들 중 특히 여성들에게 인기가 높은 거리가 바로 프랑스의 모든 명품 본점이 몰려 있는 몽테뉴 거리(Avenue Momtaigne)이다. 세계에서 가장 아름다운 대로라고 하는 샹젤리제('샹'은 들판, '엘리제'는 낙원을 뜻하니 샹젤리제란 낙원의 들판이란 뜻) 거리에서 가까운 전형적인 파리 최고 부촌인 이 거리가 바로 프랑스 명품 코스메틱의 본산인 것이다. 이곳에는 우리가 알 만한 최고 명품들인 샤넬과 디올, 루이뷔통 등의 본점들이 몰려 있는 프랑스 최고의 명품샵 로드이다. 여러 가지 화장품 종류 중에서도 여성들이 가장 많은 관심을 보이고 가장 높은 판매고를 기록하는 것이 바로 향수이다. 프랑스뿐만 아니라 대부분의 나라에서도 비슷한 양상을 보이는데 이를 통해 향수가 특히 여성들에게 인기가 많은 품목임을 알 수 있다.

그렇다면 명품 코스메틱 회사들의 본점이 가장 많은 파리가 향수의 본고장일까? 놀랍게도 향수의 본고장은 파리가 아니다.

한국은 물론이고 세계적으로도 무려 2,000만 부 가까이 팔려 나가며 엄청난 인기를 끌었던 소설 『향수』는 그 관심에 힘입어 영화로도 제작됐는데, 영화의 배경이 그라스(Grasse)라는 작은 도시이다. 최고의 향수를 얻고 싶었던 주인공이 찾아가는 곳. 파리나 노르망디, 알프스, 지중해처럼 유명한 지역은 아니지만 프로방스 지방을 여행하는 관광객이라면, 특히 여성이라면 반드시 들르는 아주 조그만 도시. 그곳 그라스가 바로 향수의 본고장이다.

이곳은 프로방스 지방답게 천연 향수의 원료가 되는, 풍부한 향기를 뿜내는 각종 꽃들이 넘치는 곳이다. 니스, 칸(칸 영화제가 열리는 곳), 망통 등 지중해의 유명한 도시들과 가깝고 풍부한 햇살과 연중 따뜻한 기후로 인해서 라벤더와 장미, 미모사와 오렌지 꽃들이 풍부하다. 이런 모든 것들로 인해 그라스가 중세 이후로 300년이 지난 현재까지도 여전히 '모든 향기의 로마이자 수도'로 칭송받는 것이다.

그라스는 프랑스 향수 산업의 수도이자 메카로서 지금도 많은 향수 전문가들이 이곳을 찾고 있으며, 향수 감별사인 조향사들을 키워내는

제2부 알아두면 더 재미있는 프랑스 문화

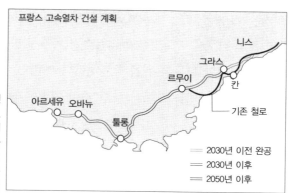

프랑스 고속열차 건설 계획

니스
그라스
르무이
칸
아르세유 오바뉴
툴롱
기존 철로

━━ 2030년 이전 완공
━━ 2030년 이후
━━ 2050년 이후

샤넬이 끝까지 반대했던 고속열차(TGV) 계획 노선도. 마르세유와 니스를 1시간에 가는 노선이지만 그라스를 관통하는 게 문제였다. (당시 8조 원이 들어가는 국책사업이었다)

최고의 학교들을 통해 2,000개의 다른 냄새를 선별할 수 있도록 훈련시키는 곳이기도 하다. 이 지역에서 수확하는 꽃들은 전 세계 향수의 원료가 되는 향료의 70~80%를 담당하고 있을 정도로 향수에 있어서는 가장 막강한 곳이고, 특히 명품의 대명사인 샤넬의 자사 대표 향수인 '샤넬 no.5'를 바로 이곳에서 생산한다. 샤넬 향수의 향료가 바로 장미와 재스민 꽃에서 나오는데, 가장 작은 크기인 30ml 향수 한 병에 들어가는 향료를 만들기 위해 장미 100송이와 재스민 1,000송이가 필요하다고 한다.

지난 2016년 프랑스 철도청(SNCF)에서 남불 지역의 상습적인 교통 정체를 해소하기 위해 남불의 대표 도시인 니스와 마르세유를 연결하는 고속철도를 8조 원의 투자를 받아 건설하려고 했을 때 가장 극렬하게 반대했던 회사가 바로 샤넬이었다. 그 이유가 바로 철도가 그라스를 지나기 때문이었다. 2009년 그라스 근처에 건설 예정이던 쓰레기 집하장을 무산시켰던 것도 바로 샤넬이었다. 샤넬이 대표 브랜드인 향수를 지키기 위해서 정부 당국과 힘겨루기를 불사할 정도로 그라스와 그 지역에서 나오는 꽃은 향수 제조에 있어서 매우 중요한 것이다. 샤넬은 정부가 고속철도 건설을 강행한다면 그라스 지역에서 자사는 완전 철수하고 문화예술에 대한 모든 후원을 중단하겠다고 하면서까지 맞섰다. 그 정도로 그라스는 샤넬을 포함한 향수 관련 업종에게 가장 중요한 지역이었던 것이다. 샤넬이 이토록 그라스를 사수하려고 하는 것은 그라스가 샤넬 향수의 고향이자 샤넬 브랜드가 탄생한 곳이기 때문이다.

1920년, 이 지역으로 여름휴가를 왔던 코코 샤넬(Coco Chanel, 1883~1971, 원래 이름은 가브리엘 샤넬)이 우연히 유명한 조향사 어네스트 보를 만나게 됐고, 곧 그에게 특별한 향수 제작을 의뢰했다. 코코 샤넬의 주문을 받은 어네스트 보는 그라스 지역에서 나오는 향이 매우 우수한 장미와 재스민 꽃을 배합하고 추출해서 특별한 향을 가진 향수를 만들었는데, 이 향수는 곧바로 샤넬을 대표하는 전 세계 최고의 향수가 된다. 즉 샤넬을 상징하는 샤넬 넘버 5(Chanel no.5)가 바로 그것이다.

그 이후 샤넬은 자사 브랜드를 세계 최고의 향수 브랜드로 만들어준 원료들을 지키고 후원하기 위해 그라스를 유네스코 세계문화유산으로 지정하자는 캠페인을 전개하고 향수학교를 세우는 등 노력을 아끼지 않고 있다. 현재도 샤넬 향수를 만드는 공방들을 세우는 등 그라스 지역을 위한 샤넬의 투자는 정부로서도 무시하기 힘든 규모이다.

지방 소도시에 불과한 그라스는 언제부터, 어떤 과정을 거쳐서 지금의 향수의 본산지이자 세계 향수의 메카라는 명성을 얻게 되었을까? 때는 중세를 지나 르네상스가 한창이던 16세기 중반으로 거슬러 올라간다. 그라스는 중세 시대부터 이어져온 가죽을 다루는 공방들이 있는 평범한 지역이었다. 소나 양 등 동물을 잡아서 가죽 한 장을 만들려면 반

샤넬의 대표 향수이자
전 세계에서 가장 많은
사랑을 받는 향수인 넘버 5

샤넬을 만든 코코 샤넬과 로고. 그녀는 수많은 명언을 남겼지만
그중에서도 "패션은 변하지만 스타일은 영원하다"가 유명하다.

드시 거쳐야 하는 과정이 있는데, 바로 동물의 원피(原皮)에 붙은 살점을 깨끗이 제거하고 죽은 동물 냄새를 제거하는 일이었다. 이 과정이 매우 힘든 공정이었는데, 이런 작업을 '무두질'이라고 했다. 무두질이란 것은 동물의 원피에서 가죽을 얻기 위해 살점과 껍질을 분리하는 과정인 것이다.

중세 시대부터 이어져온 방식은 끓는 물에 동물의 원피를 넣고 팔팔 끓이는 것이었다. 그런데 여기에는 한 가지 문제가 있었는데, 가죽을 끓이는 과정에서 매우 심한 악취가 난다는 것이었다. 그리고 아무리 뜨거운 물에 끓이고 무두질을 잘 마친 가죽이라고 하더라도 여전히 악취가 배어 있었지만 당시에는 이 악취를 제거할 기술이 없었다. 즉 질 좋은 가죽으로 만든 옷이나 장갑, 가방, 모자 등을 얻기 위해서는 악취 정도는 당연히 감수해야 하는 것으로 생각했다. 그런데 어느 날, 가죽 무두질에서 뛰어난 솜씨를 발휘하던 갈리마르(Galimard)라는 무두장이가 매우 특별한 방법을 제시하게 된다. 향이 뛰어난 꽃이 많은 그라스에서 전통적으로 내려오던 식물 염료 추출법을 응용해서 꽃향기를 품은 향료(에센스, 오일)를 만들어 자신이 만든 동물 냄새 나는 가죽 장갑에 뿌렸던 것이다. 지금까지 누구도 생각지 않았고, 또 전혀 어울릴 것 같지 않던 꽃 향료와 동물 가죽의 만남은 사람들의 좋은 반응을 이끌어내었다. 입소문을 탄 그의 향료를 뿌린 장갑은 이탈리아 메디치 가문 출신의 프랑스 왕비 카트린 드 메디치에게 보내졌고 왕비는 물론이고 프랑스 왕실 사람들의 마음을 단번에 사로잡는다.

지독한 동물 냄새가 아닌 꽃향기가 나는 가죽 제품에 대한 소문은 프랑스 왕실을 넘어 유럽의 왕족과 상류층들을 중심으로 빠르게 퍼졌고 엄청난 주문이 쇄도한다. 갈리마르의 새로운 시도가 대성공을 거두자 그라스에 있는 가죽 공방과 무두장이들은 자신들도 특별한 향을 입힌 가죽을 만들기 위해 저마다 조향사를 고용하면서 더 좋은 향을 만들기 위한 경쟁을 시작했다. 수도 파리에서 멀리 떨어진 평범한 도시였던 그라스가 세계 최고의 향수 도시이자 아로마 산업의 메카가 된 계기는 이렇게 가죽 제품의 악취를 제거하려는 한 무두장이의 시도였다.

그라스는 물론이고 대부분 지역에서 중세 이후 대대로 내려오던 가죽 가공 산업은 쇠락의 길을 걸었다. 갈수록 품질이 더 좋은 가죽을 생산하는 경쟁 도시들이 등장했고, 결정적으로 가죽에 붙는 높은 세금이 엄청난 압박이 됐기 때문이었다. 게다가 그라스에 있는 가죽 공방들은 영세한 규모였기에 파리 같은 대도시의 가죽 공방과 경쟁하기가 힘들었다. 결국 과거 방식을 고집하던 가죽 장인들은 점점 어려움에 처하게 되었다. 반면 새로운 직업이 부상하기 시작했는데 바로 향을 만드는 조향사들이었다.

갈리마르가 냄새나는 가죽 장갑에 좋은 향을 입혀서 큰 인기를 얻는 것을 본 조향사들은 자신만의 공방을 꾸미고 저마다 독자적인 활동을 시작했다. 그간 갈고 닦은 향수의 원액(향료, 에센셜 오일) 제조법을 바탕으로 한 추출 기술로 자신들만의 전문 영역을 구축해나간 것이다. 그라스 지역의 조향사들에게는 향을 만드는 특별한 노하우가 있었고, 주변의 지역들에는 라벤더, 미모사, 제비꽃, 장미, 재스민 등 조향에 필요한 꽃과 허브들이 지천으로 피어 있어 완벽한 조건을 갖추고 있었다. 게다가 일조량도 풍부하여 햇살이 강렬하다 보니 다른 지역에서 수확하는 꽃에 비해 향이 훨씬 강하고 좋았다. 이런 과정과 배경을 통해 프랑스 남단에 위치한 조그마한 중세 도시는 향수를 비롯한 향에 관한 한 세계 최고의 도시가 됐던 것이다.

물론 현대에 이르러 패스트 산업이 발달함에 따라 자연에서 추출한 천연향이 아닌 화학 원료로 쉽게 만들어진 향수가 대량 유통되면서 그라스의 향수 산업이 위기를 맞기도 했었다. 그라스는 전통을 고수하면서도 자연 그대로의 방식에 충실한다는 비결로 시대적인 흐름에 따른 위기를 극복할 수 있었다. 샤넬, 니나리치 등 명품 코스메틱 회사들은 풍부한 향을 머금은 그라스의 수많은 꽃에서 추출한 천연 향료와 오일 등을 계속 생산하면서 전 세계 소비자들을 만족시켰고, 결국 지금까지도 최고의 명성을 유지하고 있다. 향수를 만들고 특별한 향을 공부하는 조향사가 되려는 수많은 사람들이 지금도 그라스에 있는 여러 향수학교와 공방으로 몰려드는 것은 바로 그런 이유 때문이다.

07

프랑스인들은 여름휴가를 무려 5주나 간다고?

　프랑스는 매년 전 세계에서 가장 많은 관광객을 불러 모으는 나라이자 샤넬 같은 명품의 나라로 그 명성이 자자하다. 프랑스는 1년 열두 달 많은 관광객들이 방문하는 곳인데, 특히 계절적으로 햇살이 좋고 밤 10시 넘어까지 해가 비추는 여름에는 가히 절정을 이룬다. 물론 한국인 관광객들이 프랑스를 가장 많이 찾는 시기도 당연히 여름이다.

　프랑스 파리를 여행하는 관광객 입장에서 가장 관광하기에 좋은 시기는 언제일까? 아이러니하게도 프랑스를 잘 아는 사람들은 공통적으로 1년 중 8월이 파리를 가장 편안하게 관광할 수 있는 시기라고 말한다. 여름에 관광객이 가장 많이 몰린다면서 8월에 파리를 관광하기가 가장 수월하다는 말은 마치 모순처럼 들리지만, 그 해답은 바로 부럽기만 한 프랑스인들의 휴가에 있다.

　프랑스인들에게 휴가는 그 무엇과도 바꿀 수 없는 정말 소중한 것이고, 조금 과장하면 많은 프랑스인들은 휴가, 특히 장기간의 여름휴가를 가기 위해서 1년 동안 열심히 일을 한다고 할 정도로 여름휴가에 모든 것을 건 사람들이다. 오죽하면 프랑스인들을 '바캉스 민족'이라고 할까. 그 정도로 프랑스인들의 바캉스 사랑은 유별나고 휴가 기간도 유럽에서 첫손에 꼽힐 만큼 길다.

대부분의 프랑스인들은 여름휴가를 최소 3주에서 4주 정도 가고, 여기저기 다니는 것보다는 마음에 드는 곳 한 군데를 정해서 3주 이상을 머무르는 방식으로 휴가를 보내는 것을 선호한다. 그래서 많은 프랑스인들이 3주 이상의 장기 휴가를 떠나는 7월과 8월에 관광지에 있는 호텔이나 캠핑장 등을 예약하려고 홈페이지를 방문하면 대부분 숙박을 일주일 단위로 받는다는 것을 알 수 있다. 우리는 2박 3일 혹은 3박 4일 정도 숙박하는 게 익숙한데, 프랑스인들이 여름휴가를 보내는 기간은 아무리 적어도 일주일 이상이기에 호텔이나 캠핑장에서 숙박 예약을 주 단위로 받는 것이다. 휴가 시즌에 호텔, 캠핑장의 예약 시스템만 봐도 프랑스인들이 여름휴가를 어떤 방식으로, 얼마나 오래 가는지를 충분히 짐작할 수 있는 것이다.

직장 생활을 하는 대부분의 한국인들이 여름 휴가를 1주일 가는 것도 쉽지 않고 그것마저도 주말을 끼지 않고 간다면 눈치를 봐야 하는 상황에서 프랑스인들의 4주 가까이 되는 여름휴가는 그저 꿈같은 일이 아닐 수 없다. 지난 2019년 한국경영자총협회(경총)이 발표한 '2019년 하계 휴가 실태조사'를 보면 전국 5인 이상 기업 751곳을 대상으로 여름휴가를 조사했는데(300인 미만 605개 기업, 300인 이상이 146개 기업 대상) 그 결과 직장인 여름휴가는 평균 4일인 것으로 나타났다. 그나마 지난해 평균인

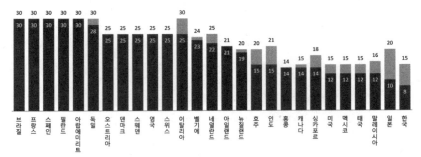

■ 주어진 휴가일수 ■ 사용한 휴기일수

한국인들의 휴가는 겨우 8일인 반면, 프랑스는 30일(실제는 36일)로 진정한 바캉스 국가의 면모를 보였다.

3.8일에 비해 0.2일 늘었다는 것이다. 평균 여름휴가 기간이 4일인 한국과 4주인 프랑스는 차이가 너무나 크다는 것을 알 수 있다.

프랑스는 전 세계에서 휴가 일수가 가장 긴 나라로서 대부분의 프랑스인들은 1년 중 약 5주 동안 휴가(법정 휴가는 30일)를 간다. 여름에 3주에서 4주 정도 여행을 가고, 흔히 스키(ski) 방학[22]이라고 부르는 2월의 방

---

22 스키 방학 : 프랑스를 비롯한 대부분의 유럽 국가들은 6월부터 8월까지 3개월간 여름방학을 보내고 9월부터 새 학년이 시작된다. 한국과 다른 점은 1월부터 2월까지의 겨울방학이 없다는 것이다. 대신 크리스마스를 중심으로 2주간, 2월에 2주, 4월 부활절에 2주간 쉬는 것으로 겨울방학을 대신한다. 즉 두 달에 한 번씩 2주간 쉬는 것인데, 눈이 많이 내리는 2월에는 학생들이 있는 프랑스 가정에서 아름다운 알프스 지방으로 스키 여행을 많이 간다. 크리스마스와 연말에는 가족, 친척 모임이 많기 때문에 2월에 있는 2주간의 방학을 이용해서 가족 혹은 친구들과 스키를 타러 많이 가기 때문에 이 시기를 스키 방학이라고 부르는 것이다. 알프스 산맥에는 눈이 많이 내리고 스키장도 많아서 4월의 부활절 방학에도 저렴한 가격으로 스키를 즐길 수 있지만 많은 프랑스 가정들은 2월 방학 때 주로 스키 여행을 많이 떠난다. 이 시기가 되면 프랑스 대학이나 어학당에도 스키 여행에 관한 많은 홍보 팸플릿들

제2부 알아두면 더 재미있는 프랑스 문화

만년설로 덮인 알프스 산맥이 둘러싸고 있는 그르노블. 파리보다 스위스 제네바가 훨씬 가까운 도시다. TGV를 타면 파리까지 약 3시간, 제네바는 약 45분이면 갈 수 있을 만큼 가깝다.

학을 통해서 1주에서 2주 동안 스키 여행을 많이 간다. 필자가 처음 어학을 배운 도시는 그르노블(Grenoble)이라는 곳으로 파리에서 동남쪽으로 약 600킬로미터 정도 떨어진 곳이었다.

알프스 산맥이 감싸고 있는 도시답게 이곳은 겨울만 되면 엄청난 눈이 내리는데, 이 시기가 되면 많은 사람들이 도심에서도 스키를 가지고 다니는 모습을 쉽게 볼 수 있었다. 차를 타고 조금만 나가면 자연설이 쌓여 있는 스키장들이 있어서 대학생들도 주말이면 동네 공원 가듯이 스키를 타러 가고 2월 스키 방학이 되면 1주에서 2주씩 스키장을 가는

이 붙기 때문에 유학생들이나 어학을 공부하는 학생들이 주로 2월 방학 때 스키장을 많이 가게 된다. 참고로 프랑스에서 스키 시즌은 11월부터 5월까지 6개월 정도인데, 11월이면 알프스 지방에 눈이 쌓이기 시작하고 2월이 스키를 타기에 가장 좋은 시기로 간주된다. 흔히 1월부터 3월까지가 눈의 질이 가장 좋다고 하고, 무엇보다 이 시기에 2월 휴가가 있기 때문일 것이다.

프랑스인들은 여름휴가를 무려 5주나 간다고?

것을 보면서 부러워하기도 했었다. 당시 이런 프랑스인들의 휴가 모습이 어찌나 부러웠던지, 파리에 살 때 결혼을 한 필자는 결국 알프스 산맥에 있는 '레 두 잘프(Les 2 Alpes, 두 개의 알프스라는 의미)'라는 스키장으로 신혼여행을 가서 일주일을 보내기도 했다.

많은 서양인들이 한국인들은 휴가를 가도 마치 전투하듯이 여기저기를 빠르게, 많이 다닌다고 하면서 우리의 휴가 방식(일명 전투휴가)이 이상하다고 했지만, 우리의 상황에서 어찌 보면 그것은 너무도 당연한 패턴이었다. 길어야 1주일(많은 경우 1주일에 미치지 못한다)인 휴가 기간 동안 비행기 타고 동남아도 가야 하고, 유럽도 가봐야 하니 짧은 시간에 최대한 많은 곳을 다니고 인증사진을 찍는 것을 당연하게 여겼다.

한 곳에 지긋하게 눌러 앉아서 느긋한 휴가를 즐기는 프랑스인들과 많은 곳을 다니며 사진을 찍느라 피곤한 휴가를 즐기는 우리들의 차이는 어디에서 기인한 것일까? 우리도 프랑스인들처럼 경치 좋고 아름다운 곳에서 느긋하게 시간을 보내는 그런 휴가와 여행을 꿈꾸는데 왜 그렇게 하지 못했던 것일까? 이유는 단 하나 프랑스와 한국의 휴가 제도 차이 때문이었다. 1주일 휴가를 가는 우리와 최소 3주에서 4주 여름휴가를 가는 프랑스인들과의 차이가 휴가를 즐기는 패턴에서 결정적인 차이를 만들었던 것이다.

필자도 파리에 사는 동안 이해가 안 됐던 것 중 하나가 바로 여름만 되면 마치 이사를 가기라도 하는 것처럼 이웃들이 집 안의 모든 가재도구들을 캠핑카 혹은 캐리어에 다 싣고 휴가를 가는 모습이었다. 그런 그들의 모습을 처음 봤을 때는 정말 지방으로 이사를 가는 줄 알았을 정도였다.

프랑스의 정식 유급휴가는 한 달에 2.5일, 1년에 30일(즉 5주)로 계산된다. 한국의 유급휴가가 1년에 15일인 것에 비하면 정확히 두 배나 된다. 게다가 주당 근로시간도 35시간으로, 52시간인 한국에 비하면 차이가 많이 난다. 프랑스 사람들도 대부분 우리나라 회사원들처럼 9시에 출근하고 6시에 퇴근한다. 그런데 여기서 우리나라와의 차이점은 프랑스 근로자들은 주당 39시간을 초과해서 근무하지 못한다는 것이다. 만일 누군가가 주당 35시간인 근로시간을 4시간 초과해서 39시간을 일했다면 이 초과된 4시간만큼을 반차 휴가로 활용하게 된다.

이게 바로 프랑스의 독특한 제도인 'RTT(Réduction du Temps de Travail)'라는 제도로서 우리말로 번역한다면 '근로시간 단축법' 정도 될 것이다. 이 제도로 인해 만약 주당 35시간을 초과해서 39시간을 일한 프랑스 근로자가 초과된 주당 4시간을 휴가로 활용한다면, 1년에 최대 24일까지 더 쉴 수 있게 된다. 즉 기본 유급휴가 5주에다가 초과된 24일(약 4주)을 더하면 최대 9주의 휴가를 사용할 수 있게 된다. 5주 휴가만 해도 우리에겐 꿈같은 이야기인데 최대 9주까지 가능하다면 정말 휴가 기간에 못 갈 곳이 없을 것이다. 한국의 많은 회사들이 이런저런 이유로 근로자들에게 휴가보다 수당으로 지급하길 원하는 데 반해, 프랑스 회사들은 대부분 휴가를 장려하는 문화도 우리와 프랑스인들의 휴가 패턴이 완전히 다른 하나의 이유가 될 것이다.

몇 년 전에는 프랑스의 제도인 RTT를 너무 방만하게 활용했던 프랑스의 에너지 공기업인 EDF(프랑스어 발음은 으데에프, 한국전력공사와 비슷한 기업)가 직원들에게 너무 과도하게 긴 휴가를 주고 있었다는 게 걸려서 문제가 되기도 했는데, 당시 EDF가 직원들에게 제공했던 휴가는 무려

10주였다.[23]

프랑스에서 살면 속 터지는 일이 있는데, 그중 하나가 바로 한없이 느린 행정 처리일 것이다. 중국에만 '만만디'가 있는 게 아니다. 프랑스에도 중국 못지않은 느림의 미학이 있다. 한국에서는 한 시간이면 될 일도 프랑스에서는 하루가 걸리는 일이 비일비재하다. 한국에서는 자동차를 운전하다가 엔진오일, 배터리 교환 등 간단하게 정비할 일이 있으면 아무 때나 정비소에 들어가면 몇 시간 안에 간단히 해결되는데, 프랑스에서는 기본적으로 약속을 잡아야 하고, 약속한 날에 가면 십중팔구는 차를 맡기고 가라고 한다. 물론 수리는 최소 3일 이상 걸린다. 필자가 파리에 살 때 이런 상황을 직접 겪었었다. 이러한 프랑스인데 거기다 여름휴가까지 겹치면 약간 과장을 보태서 정말 모든 행정 시스템이 올 스톱한다고 봐도 이상하지 않을 정도다.

재미있는 것은 프랑스는 휴가 시즌이 되면 매일 아침 일찍부터 문을 열던 빵집이나 슈퍼, 카페 등이 문을 닫는 곳이 증가한다는 것이다. 이유는 단 하나, 그들도 장기간의 여름휴가를 떠나야 하기 때문이다. 더

---

23 프랑스는 1990년대 말, 사회당 정부 시절(리오넬 조스팽 총리) 노동 시간을 줄여서 일자리를 늘이고 나누자는 생각으로 주당 35시간을 법제화했었다. 프랑스의 최대 에너지 공기업인 EDF 직원들은 주당 35시간을 초과하여 39.5시간을 일했다고 한다. 문제는 초과된 4.5시간이었는데, 1999년부터 사무직 직원들은 초과하는 4.5시간을 유급휴가로 계산했다. 이렇게 해서 기존의 연간 30일 이상의 휴가에다가 약 23일 정도의 휴가가 더 생기면서 총 50일이 넘는 유급휴가를 얻었고 주말을 포함하여 최소 10주의 휴가 기간을 누렸던 것이다. 아무리 휴가에 목숨을 거는 프랑스인들이고 많은 프랑스인들이 연간 5주의 휴가를 가지만 3만 명이 넘는 EDF의 공기업 직원들이 20년 넘게 무려 10주의 휴가를 누렸다는 것에 대한 국민들의 지탄이 있었다.

제2부 알아두면 더 재미있는 프랑스 문화

재미있는 것은 여름휴가 기간이 되면 TV 방송 프로그램도 대폭 줄어들고 뉴스 시간도 단축되며, 아예 뉴스에서 정치 소식이 사라진다는 것이다. 8월에는 대통령을 비롯해서 여당과 야당 정치인들 모두 3주 이상의 휴가를 가기 때문에, 치열하게 싸우던 정치인들이 모두 휴전을 하고, 그래서 뉴스에 내보낼 만한 이슈가 없기 때문이라는 것이다. 그래서 흔히 여름에는 파리에 개와 관광객들만 있다는 말이 있을 정도이다.

이처럼 파리지앵이 모두 파리를 비우고 장기 휴가를 떠나기 때문에 매일 아침부터 붐비던 지하철이나 버스도 한산하고, 교통 정체도 심하지 않으며 여름 내내 비도 오지 않고 늦게까지 날도 밝으니 관광객들이 여행을 하기에는 여름이 가장 좋다는 말이 그래서 나온 것이다. 물론 파리지앵들이 파리를 비우는 대신 집시와 소매치기들이 늘어나는 것도 사실이다. 물론 모든 프랑스인들이 마음 놓고 3주에서 4주 정도의 여름휴가를 누리는 것은 아니어서, 경제적인 이유로 휴가를 가지 못하는 사람들도 늘고 있다.

특히 최근 들어서는 프랑스 젊은이들의 실업률도 가파르게 상승하고 있어서 젊은이들 중에는 휴가를 가지 못하는 사람들이 많아졌다. 이런 현실을 위로하기 위해서 프랑스 정부에서는 2002년부터 파리지앵들이 대거 휴가를 떠나는 7월과 8월에 파리 센 강변의 도로를 모두 막고 바닷가 모래를 퍼 와서는 마치 진짜 바닷가인 것처럼 조성하는 '파리 플라즈(Paris Plages)' 정책을 펼치고 있다. '파리 해변'이라는 뜻의 이 도심 속 해변은 퐁네프 다리에서 파리 시청까지 약 3.5킬로미터에 이르는 센 강변 도로에 6천 톤 이상의 모래와 2천 개가 넘는 비치의자, 잔디밭과 야자수까지 심은 인공 해변을 말한다. 매년 7월에서 8월 사이 한 달 정도 진행

센 강변을 따라
3.5킬로미터의 도로를 막아
설치한 인공 해변, 파리
플라즈

되는 이 문화 프로그램은 지금까지 대성공을 거두고 있다. 원래 취지는
여름휴가를 못 가는 파리지앵들을 위해서 지중해의 해변을 그대로 센
강변에 옮겨 온 것인데 기대 이상의 인기를 얻으면서 지금은 프랑스 지
방도시는 물론이고 베를린, 브뤼셀, 부다페스트, 프라하 등의 도시들도
벤치마킹을 하고 있다. 아침 8시부터 밤 12시까지 거의 하루 종일 오픈
하고 캠핑장과 야외수영장은 물론이고 수상 액티비티, 비치 발리볼 등
바닷가에서 하는 거의 모든 것들을 누릴 수 있게 만들었다.

제2부 알아두면 더 재미있는 프랑스 문화

08

프랑스를 상징하는 동물이 고작 수탉이라고?

이 세상 모든 나라에는 그 나라를 대표하는 상징적인 동물이 하나씩 있다. 우리나라는 용맹한 호랑이(Korean Tiger), 미국은 아메리칸 이글(American Eagle)이라 불리는 흰머리독수리, 영국은 사자, 독일은 골든 이글이라 불리는 검독수리를 상징 동물로 삼고 있다. 또한 러시아는 불곰, 스페인은 투우의 나라답게 황소, 벨기에는 초원의 왕 사자, 이탈리아는 늑대, 루마니아는 스라소니가 상징동물이다. 중국은 판다, 태국은 코끼리, 호주는 코알라, 인도는 인도코끼리와 가루다,[24] 싱가포르는 머라이

---

24 가루다 : 인도 신화에 나오는 큰 새로 '사천하'라고 불리는 엄청나게 큰 나무에 기거하면서 용을 잡아먹는다. 구세주가 불쌍한 중생들을 구제하기 위해서 세상에 나타날 때 이 새의 모습을 했다고 믿어진다. 인도 국장에는 물론이고 인도 국적 항공사인 가루다 항공에 쓰인 가루다가 바로 여기서 나온 것이다.

싱가포르의 머라이언   미국의 국장(흰머리수리)   프랑스의 수탉

언[25]이 상징동물이다.

    필자가 가장 의아하게 생각하는 두 나라의 상징동물이 있는데, 바로 프랑스와 일본이다. 일본은 원숭이가 많고 다큐멘터리에도 자주 나와서 원숭이로 생각하는 사람들이 많이 있지만 실제 일본의 상징동물은 의외로 꿩과 비단잉어이고, 프랑스의 상징동물은 나폴레옹을 상징하는 독수리가 아니라 흔하디흔한 수탉이다. 미국을 비롯한 대부분의 국가들은 오랜 세월 자신들의 상징동물을 정하면서 독수리처럼 크고 웅장하거나 용맹하고 힘이 막강한 동물, 또는 아주 귀한 동물들을 상징으로 삼았는

---

25 머라이언 : 싱가포르의 머라이언은 인도의 가루다와 더불어 실제 동물이 아닌 신화에 나오는 동물을 국가 상징동물로 삼은 경우이다. 머라이언은 싱가포르 도심 곳곳에서 흔하게 볼 수 있는데, 얼굴은 용맹한 사자의 모습이고 몸은 비늘로 뒤덮인 물고기의 모습을 하고 있다. 싱가포르는 전형적인 항구도시인데, 물고기 모습을 한 몸은 바로 항구도시를 상징하고, 사자 모습을 한 얼굴은 싱가포르가 영토는 작지만 용맹한 사자의 도시라는 의미를 지니고 있다. 싱가포르 공군의 마크도 머라이언이고, 도시 곳곳에 머라이언 동상이 많으며 정부에서는 다섯 가지 모양의 머라이언을 공인해서 사용하고 있다.

제2부 알아두면 더 재미있는 프랑스 문화

데 일본이나 프
랑스는 왜 일반
론에서 벗어나서
작고 힘도 없으
며 귀하지도 않
은 동물들을 상
징동물로 정한
것일까?

나폴레옹의 인장 마크

합스부르크 왕조의 쌍두독수리

　필자의 관심은 일본이 아니니 차치하고 프랑스는 왜, 그리고 언제부
터 상징동물을 수탉으로 정했으며 나폴레옹이 유럽을 정벌하면서 사용
했던 독수리를 팽개치고 모든 면에서 독수리보다 한 수 아래인 수탉을
지금까지 고수하고 있는 것인지 살펴보자. 참고로 나폴레옹 1세는 군사
적으로 권력을 잡고 유럽 전역을 벌벌 떨게 했으며, 황제의 자리에 올랐
을 때도 프랑스에서 사용되는 모든 공식적인 서류나 주화에 자신이 상
징동물로 정했던 멋진 독수리 인장을 찍었었다. 독수리는 누구나 생각
하듯이 하늘의 제왕이고 멋진 자태를 가졌으며 용맹함 또한 남다르기에
가장 많은 나라에서 상징동물로 채택하고 있기도 하다.[26] 특히 고대 세

26　독수리 : 많은 국가와 왕조들이 독수리를 특히 좋아했고 자국의 상징동물로 삼은
　　것은 바로 고대 로마제국의 영향 때문이었다. 모든 길은 로마로 통한다는 것처럼
　　고대 최고의 제국은 단연코 로마제국이었다. 최강의 보병을 자랑한 로마제국 시절,
　　이들 보병 군단들을 대표하는 군단기에는 반드시 독수리가 새겨져 있었다. 로마의
　　모든 군사들과 신분이 높은 군단장들은 전쟁이나 전투에서 패배한 후에 군단기를
　　적에게 빼앗기는 것을 가장 치욕스럽게 여겼고, 이것은 가문의 수치이기도 할 정도
　　로 독수리가 새겨진 군단기를 목숨보다 더 소중히 여겼던 것이다. 로마제국은 독수

계를 지배했던 로마제국 이후 많은 유럽 국가들과 왕조들이 독수리를 자신들의 대리자이자 상징으로 여겼었다.

이렇게 많은 국가들이 크고 강한 동물들을 상징동물로 삼았는데, 왜 프랑스는 고작 수탉을 상징동물로 삼았을까? 서양 역사에 조금이라도 관심 있는 사람들에게는 익히 알려진 것처럼 고대부터 수탉은 조롱의 대상으로 여겨졌다. 기원전 52년경 고대 로마제국이 강성하던 시절, 율리우스 카이사르가 통치한 로마제국의 영역 중 지금의 프랑스 지역과 벨기에, 네덜란드 남부 지역을 당시 라틴어로 갈리아(Gallia)라고 했고, 그 지역에 살던 원주민들을 갈루스(Gallus, 대문자 사용)라고 불렀다. 그런데 공교롭게도 수탉도 라틴어로 갈루스(gallus, 소문자 사용)였다. 즉 '갈리아 사람'과 '수탉'은 의미는 다르지만 철자가 같은 단어로 쓰인 동음이의어였다. 그리하여 세계 최강국 로마제국 사람들은 지금의 프랑스 지역인 갈리아의 원주민들을 무시하고 조롱하는 의미로 수탉이라고 불렀다.

이처럼 현대 프랑스인들에게는 상당히 기분 나쁘거나 불쾌할 수 있는 기원에서 비롯된 수탉이 어째서 사라지거나 독수리처럼 멋진 동물로 바뀌지 않고 지금까지 프랑스의 상징동물로 이어올 수 있었던 것일까? 수탉이 사라지기는커녕 프랑스 축구 국가 대표팀의 유니폼에, 대통

리가 새겨진 군단기를 앞세운 보병들로 인해서 고대 최고의 제국이 될 수 있었다. 즉 독수리는 막강한 보병을 상징했고, 이는 곧 로마제국의 찬란한 영광이었다. 이후 시대가 흘러 군사력을 통해 권력을 잡은 독재자나 황제 혹은 막강한 왕조들이 자신들을 상징하는 동물로 독수리를 선택했던 것은 바로 이러한 고대 최고의 제국이었던 로마제국의 영광을 계승하겠다는 의미를 담고 있다. 나폴레옹은 물론이고 나치의 히틀러, 이탈리아의 무솔리니 그리고 유럽 최고의 왕가였던 오스트리아의 합스부르크 왕조 등이 독수리를 상징동물로 삼은 것은 절대 우연이 아니었다.

프랑스 축구 대표팀 유니폼
상의 왼쪽 가슴에는 국기 대신
수탉이 새겨져 있다. 별 2개는
1998, 2018 두 차례의 월드컵
우승을 의미한다.

베드로와 수탉

령 집무실인 엘리제 궁전에, 그리고 프랑스 곳곳의 성당과 교회 첨탑 가장 높은 곳에는 어김없이 수탉이 고고히 서 있다. 또한 한국에도 진출해서 젊은이들에게 인기가 많은, 프랑스의 유명 스포츠용품 브랜드인 '르 코크 스포르티브(Le Coq Sportif)'도 수탉을 상징으로 삼고 있다.

프랑스인들이 수탉을 자랑스러운 동물로 여기게 된 데에는 크게 두 가지 이유가 있다. 하나는 종교적인 이유이고 다른 하나는 역사적인 이유이다. 먼저 종교적인 이유를 살펴보자. 프랑스는 유럽에서도 이탈리아와 더불어 가장 가톨릭 세력이 막강한 국가이다. 즉 종교적인 색채가 매우 강한 나라인데(비록 실제로 예배당에 가는 프랑스인들은 매우 소수이지만 프랑스가 기독교를 사수하는 나라라고 생각한다) 수탉이 성경에서 매우 긍정적인 의미로 사용됐다는 것이 그 이유이다.

성경을 조금이라도 읽어본 사람들이라면 너무나 친숙할 베드로와 수탉에 관한 이야기가 있다. 예수님의 수제자인 베드로가 "네가 닭이 울기

프랑스를 상징하는 동물이 고작 수탉이라고?

교회 종탑과 수탉

전에 나를 세 번 부인하리라"라는 말씀을 듣고, 실제로 예수님을 부인했다가 나중에 진심으로 회개하고 나서 진정한 수제자의 길을 갔다는 이야기에 바로 수탉이 등장한다. 기독교에서 수호성인으로 여기는 베드로(현재의 교황이 바로 예수님의 수제자였던 베드로의 대리자이다)의 회개에 중요한역할로 등장하는 수탉이기에 유럽 최고의 기독교 국가를 자처하는 프랑스와 프랑스인들에게 수탉의 이미지는 중세 이후로 매우 좋았던 것이다. 이런 이유로 인해서 프랑스를 비롯한 유럽의 많은 교회와 성당의 종탑에 수탉이 새겨졌다.

두 번째는 역사적인 이유로서 프랑스의 기상을 널리 떨치고 잠시나마 유럽 최강국의 지위를 누릴 수 있게 해준 나폴레옹, 루이 14세 등과국민들이 사랑하는 앙리 4세(Henri IV, 1553~1610)와 관련된 이야기이다. 이들 국왕이나 황제 혹은 대통령들은 모두 프랑스의 국력을 상승시켜서유럽 최고의 국가를 만들었고 프랑스인들에게 무한한 자부심을 준 인물이라는 공통점이 있다.

프랑스에 르네상스 시대를 열었던 프랑수아 1세가 그랬고, 베르사유 궁전을 지으며 절대왕정의 상징으로 군림했던 태양왕 루이 14세가 그랬다. 그리고 전 유럽을 제패했었던 작은 거인 나폴레옹이 그랬고 나치 독일에 맞서 자유 프랑스의 독립을 이끌었던 프랑스의 국부 샤를 드골 대통령도 그랬다. 앞에 소개한 인물보다는 덜 알려졌지만 앙리 4세는 루이 13세와 루이 14세의 절대왕정 기초를 닦아주었고, 누구보다 백성들을 사랑했던 선량왕(Le bon roi)으로 기억되는, 프랑스인들이 사랑하는 국왕이다.

앙리 4세는 최초 부르봉가 출신의 프랑스 국왕으로 정치적인 안정을 위해서 개인의 종교적 신념을 바꾸기도 했다. 프랑스는 물론이고 대부분의 유럽 국가가 구교(로마 가톨릭)과 신교(프로테스탄트)로 나뉘어져 치열하게 갈등하고 싸울 때 그는 원래 프로테스탄트, 즉 개신교도였었다. 이 말은 대다수의 많은 프랑스인들이 구교를 지지하는데, 국왕이 소수가 지지하는 개신교를 믿고 있었다는 말이다. 결국 프랑스는 16세기 들어 구교와 신교 사이에 치열한 내전에 돌입하게 되는데 무려 38년간이나 종교전쟁이 지속되었고, 이로 인해 프랑스 전 국토가 황폐해진 건 물론이고 국민들의 피해가 매우 심각했었다. 이러한 종교의 갈등을 수습하기 위해 앙리 4세가 반포한 낭트 칙령으로 인해 마침내 수십 년간 계속되던 종교전쟁이 종식된다.

종교전쟁이 종결된 뒤 앙리 4세는 정치적으로 파리를 얻고 프랑스를 재통일하기 위하여 신교에서 구교인 가톨릭으로 개종했다(1593). 그는 왕국을 통일하고 국내외의 평화를 이룩했으며 짧은 통치 기간이었지만 프랑스의 상처를 치유하는 데 일생을 바쳤다. 1598년 4월 13일 브르타

낭트 칙령

뉴의 낭트에서 공포한 칙령으로 국가 재정을 개편하고 경제를 안정시켰으며, 신교파인 위그노에게 조건부로 신앙의 자유를 허용하면서 약 30년간 지속된 프랑스의 위그노전쟁을 종식시켰다. 그의 통합정책에 힘입어 프랑스는 종교 갈등을 치유하면서 빠르게 번창해갈 수 있었다. 그의 뒤를 이은 루이 13세와 루이 14세, 두 국왕의 치세가 절대왕정을 바탕으로 화려하게 꽃을 피울 수 있던 것도 앙리 4세가 기본적인 토대를 놓았고 종교 갈등을 해결했기 때문이었다. 즉 앙리 4세는 프랑스의 혼란했던 16세기를 잘 마무리하고 종교 갈등 없이 17세기를 여는 데 큰 공헌을 한 국왕이었다.

앙리 4세의 죽음은 드라마틱했고 비극적이었다. 낭트 칙령으로 종교적인 손해가 극심하다고 여겼던 극렬한 구교의 추종자에게 어이없는 죽음을 맞이했기 때문이다. 1610년 5월 14일 이른 오후, 그는 자신의 오랜 친구이자 책사이며, 자신의 정책을 가장 잘 알고 집행하던 쉴리 공작을 문병하기 위해 마차에 탔다. 루브르 궁전을 떠난 마차는 교통이 혼잡한 비좁은 거리에서 속력을 늦추었다. 그때 갑자기 프랑수아 라바야크라는 가톨릭 추종자가 마차에 올라타더니 긴 칼로 앙리 4세를 두 번이나 찔렀고 결국 왕은 죽음에 이르게 된다. 그의 사후에, 프랑스 국민들은 그에게 앙리 대왕(le Grand, Hanri) 혹은 선량왕(le bon roi)라는 별칭을 부여하며 그를 기렸다.

앙리 4세를 국민들이 선량왕이라고 기억하고 추모하는 이유는 그가 국왕 시절 가난한 백성들을 위하는 마음이 컸기 때문이었다. 대표적으로 종교전쟁을 마무리하고 국가를 안정시킨 후 가장 먼저 공표한 정책 중 하나가 바로 국민들의 먹거리에 관한 것이었다. 국왕을 비롯한 궁정 사람들이나 귀족들은 매일 고

마차에서 암살당한 앙리 4세

기를 먹을 수 있었는데, 대부분의 가난한 백성들에게는 고기를 먹는 일이 쉬운 일이 아니었다. 이를 알게 된 앙리 4세는 결국 "모든 국민들이 적어도 일요일만큼은 닭고기를 먹을 수 있도록 하라"는 지침을 내렸다. 그리하여 고기를 가장 빨리 그리고 손쉽게 얻을 수 있는 닭을 많이 키우게 됐고 그중에서도 성장이 빠른 수탉이 국민들의 밥상에 자주 올라갔다. 바람도 많이 피우는 등 사생활에 문제가 많은 앙리 4세였지만, 이런 이유로 인해 프랑스인들은 그를 백성을 진정 사랑하고 긍휼히 여기던 선한 왕으로 기억했다. 이후로 프랑스인들은 수탉을 각별하게 생각했고 결국 수탉은 프랑스의 상징동물이 되었다.

프랑스를 대표하는 가장 유명한 요리 중 하나이자 한국 관광객들도 반드시 맛본다는 요리인 '코코뱅(Coq au vin)'도 그렇게 해서 프랑스인들

코코뱅(Coq au vin)

의 사랑을 받는 요리가 되었다. 코코뱅은 직역하면 와인에 졸인 수탉 요리 정도 될 것이다. 한국식으로는 찜닭과 비슷한, 프랑스 가정에서 누구나 쉽게 만들 수 있는 평범한 요리이다. 냄비에 손질한 수탉 고기와 각종 채소 그리고 레드와인을 넣고 충분히 졸이면서 만드는 대표적인 닭요리이다.

제2부 알아두면 더 재미있는 프랑스 문화

대학입학시험을 일주일이나 본다고?

- 타인을 존중한다는 것은 일체의 열정을 배제한다는 것을 뜻하는가?
- 관용의 정신에도 비관용이 내포되어 있는가?
- 특정한 문화의 가치를 보편적으로 판단할 수 있는가?
- 사람들은 선입견을 버리지 못하는가?
- 알기 위하여 관찰하는 것으로 충분한가?
- 과거에서 벗어날 수 있다면 우리는 자유로운 존재가 될 수 있는가?
- 우리가 하고 있는 말에는 우리 자신이 의식하고 있는 것만이 담기는가?
- 정치에 관심을 두지 않고도 도덕적으로 행동할 수 있는가?
- 무엇이 내 안에서 어떤 행동을 해야 할지를 말해주는가?
- 우리는 과학적으로 증명된 것만을 진리로 받아들여야 하는가?

• 스스로 의식하지 못하는 행복이 가능한가?

위의 문제들은 과거 바칼로레아의 철학 시험에 출제됐었던 문제들이다. 독자 여러분들은 이런 문제가 눈앞에 주어진다면 어떤 생각을 하게 될까? 혹은 중요한 시험에 저런 문제들이 출제된다면 과연 논리적으로 쓸 말이 있는가? 프랑스 학생들은 위와 같은 문제가 세 문제 출제되면 그중에서 한 문제를 택해서 자신의 생각을 논리적으로 표현해야만 한다. 그것도 4시간 내지 5시간에 걸쳐서……. 성인의 입장에서도 4시간 이상을 들여서 쓰기가 쉽지 않은데 하물며 저런 문제를 푸는 사람들이 고작 고등학생이라는 것이다.

그렇다면 프랑스 교육부는 고등학생들에게 왜 저런 난해하고도 복잡한, 그리고 정답이 없는 문제들을 가장 중요한 철학 시험에 출제하는 것일까? 프랑스 정부와 교육계가 저런 어려운 시험을 통해서 학생들에게 바라고 의도하는 것은 무엇일까? 이에 대한 답을 한마디로 정의하면 프랑스는 스스로 생각하고 행동하는 시민을 기르기 위한 목적으로 학생들에게 저런 시험 문제를 출제하는 것이다. 즉 정답만을 추구하는 것이 아닌 어떤 사안에 대해서 비판적인 시각으로 바라보고 그것을 논리적으로 표현하도록 하기 위한 목적이 있다.

전 세계 모든 고등학생들의 소원이 있다면 그건 무엇일까? 아마도 원하는 가장 좋은 대학에 입학하는 일일 것이다. 그걸 이루기 위해 수많은 한국의 고등학생들이 졸린 눈을 비벼가면서 공부한다. 특히 한국에는 '4당 5락'이라는 말이 있었다. 고3이 4시간 잠을 자면 대학에 합격하고, 5시간 잠을 자면 낙방한다는 말이다. 원하는 좋은 대학에 합격하기 위해서는 누구도 예외 없이 반드시 대학입학시험을 치러야 하고 여기서 좋은 점수를 얻기 위해서 중고등학교에서 6년의 시간을 바치는 것이다.

프랑스에서는 어떨까? 프랑스에도 우리나라처럼 4당 5락 같은 게 있을까? 프랑스의 고등학생들도 우리나라 학생들처럼 그렇게 치열한 경쟁을 뚫고 대학에 입학하는 것일까? 결론을 말하면, 프랑스에서 대학교에 입학하는 것은 그리 어려운 일은 아니어서 바칼로레아에서 10점(절대평가, 20점 만점)만 넘게 받으면 누구나 원하는 지역의 대학교에 입학할 수 있다.

실제로 공화주의에 입각한 평등을 국가이념으로 채택한 나라답게 프랑스의 국립대학들은 흔히 말하는 서열제도가 거의 없다. 그래서 대부분 많은 고등학생들은 바칼로레아에 합격하고 나면 굳이 멀리 떨어진 파리나 그 밖의 대도시로 갈 필요성을 많이 느끼지 않아서 자신이 살던 지역의 대학에 입학한다.

프랑스의 엘리트를 키워내는 특수대학교인 그랑제콜(Grandes Écoles)[27]

---

27 그랑제콜(Grandes Ecoles) : 프랑스 전통의 최고 엘리트 고등교육연구기관으로서 각 분야에서 최고 수준의 교육을 제공한다. 프랑스 학제로는 일종의 대학이지만 일반 공립대학교(프랑스어로는 Université)와 구분되며 졸업 후 학사가 아닌 석사 학위를 취득하는 등 많은 특혜가 주어진다. 당연히 프랑스 전국의 고등학교에서 수재들에게만 입학을 허용한다. 이곳 출신들은 오늘날 대통령을 비롯해서 학계, 정관계, 재계, 업계의 최고위직에 대거 포진되어 있으니 실질적으로 프랑스를 이끄는 최고의 인재를 양성하는 곳이 그랑제콜이다.
18세기 후반 프랑스대혁명 이후 나폴레옹은 중앙집권체제를 강화하고자 자신에게 충성하며 잘 훈련된 엘리트층이 필요하다는 판단에 따라 그랑제콜을 만들었다. 당시에는 주로 군사기술, 사회 공공 기반 개발 등의 업무를 담당할 기술 관료들을 양성하는 것이 그랑제콜의 원래 목적이었다.

대학입학시험을 일주일이나 본다고?

을 제외하면 프랑스의 모든 대학들은 기본적으로 다 국립이다. 파리에만 국립대학교가 13개 있고 그 외에 대도시에만 한 개씩 국립대학이 있어서 대학교의 숫자가 우리나라에 비하면 말도 안 되게 적다. 프랑스가 자랑하는 평등주의는 대학의 이름에도 적용된다. 파리의 국립대학 13개는 원래 각 대학이 위치한 지역 등을 따서 이름을 붙였지만, 1971년 대학 통합 이후부터는 숫자를 붙여 파리1대학, 파리5대학 등으로 호칭한다. 예를 들어, 1253년에 국왕의 고해신부인 로베르 드 소르본 신부(Robert de Sorbon)에 의해 신학교로 세워졌으며 유럽 3대 대학으로 잘 알려진 파리 소르본대학[28]은 파리4대학교(Université Paris-Sorbonne, Paris-IV)로 불린다. 필자가 다녔던 파리 동쪽인 크레테유(Créteil)에 위치한 대학의 이름은

이곳에 입학하는 것이 얼마나 힘드냐면, 일반 대학이 바칼로레아에서 10점 이상 점수를 받으면 들어갈 수 있는 데 반해, 그랑제콜은 상위 4% 안에 들어야 한다. 게다가 이들 4% 이내 학생들의 경우도 보통 2년 동안 준비반에서 공부하고 난 이후에 다시 경쟁시험을 통과해야만 하고 특히 한 번 불합격한 학생은 다시 응시를 할 수 없다는 제약이 있을 정도로 어려운 과정이다.

28 소르본대학교(Université Paris-Sorbonne, Paris-IV) : 소르본대학교는 12세기에 설립된 파리대학교를 뿌리로 하고 있다. 1971년 13개의 대학으로 나뉜 파리대학교를 계승하는 소르본대학교는 세계적으로 매우 높은 명성을 갖고 있다. 파리4대학교와 파리6대학교의 통합으로 소르본의 이름을 다시 잇게 되었다. 전신인 파리대학교는 이탈리아의 볼로냐대학교, 영국의 옥스퍼드, 케임브리지대학교와 더불어 서구권 최초의 대학 중 하나이다.
소르본대학교의 전신인 파리4대학교와 파리6대학교는 32명의 노벨상 및 필즈상 수상자를 배출했다. 피에르 퀴리와 마리 퀴리(퀴리 부인)도 파리대학교 출신이다. 2019년 세계 대학 랭킹(World University Rankings)에서 수학 분야 세계 3위, 사회과학 분야 유럽 3위를 기록했으며, 전체적으로는 프랑스 내에서 1위, 유럽 내에서 5위, 세계 29위를 기록했다.

파리12대학교(Université Paris-Est Créteil Val de marne, Paris XII)로 불렸다.

그러나 프랑스의 교육 시스템이 우리나라와 다른 결정적인 다른 한 가지가 있는데, 바로 '입학은 쉽게 졸업은 매우 어렵게'라는 것이다. 우리나라의 경우, 입학한 학생들은 특별한 문제가 없으면 대부분 무사히 졸업을 하는 데 비해서 프랑스 대학은 학년 진급이 매우 어렵다. 1학년에 50명이 입학하면 대부분 50명 전원이 같이 졸업하는 한국과 달리 프랑스에서는 매 학년 진급할 때마다 탈락자가 최소 20~30%가 나오고, 심한 경우 거의 절반에 가까운 학생들이 낙제하기도 한다. 이것이 한국과 프랑스 대학의 가장 큰 차이일 것이다.

세계 여러 나라들의 대학입학시험은 그 시기도 다르고 방식도 다르다. 수많은 대학입학시험이 있지만 그중에서도 우리에게 잘 알려진 미국의 SAT, 영국의는 A-Level, 독일의 아비투르(Abitur), 그리고 우리나라의 논술시험이 벤치마킹한 프랑스의 대학입학시험인 바칼로레아(Baccalauréat) 등이 가장 유명할 것이다. 나이 제한이 특별히 없어서 고등학생 1~3학년에 아무 때나 치러도 되는 미국의 SAT를 제외하고는 다른 대부분 국가의 대학입학시험은 우리나라의 고3에 해당하는 나이에 치른다. 또한 대학에 입학하기 위해 SAT 외에도 여러 가지 조건들이 있어서 SAT의 비중이 상대적으로 그리 크지 않은 미국에 비해 프랑스의 바칼로레아나 그 밖의 대부분 국가들의 시험은 대학 입학에 있어 매우 중요한 자리를 차지하고 있다. 특히 프랑스의 경우는 국립대학교에 입학하기 위해서는 바칼로레아의 비중이 절대적으로 중요하다.

어떤 대학에 입학하고자 하느냐에 따라 바칼로레아는 일반 바칼로레아(Baccalauréat général), 직업 바칼로레아(Baccalauréat professionnel), 기술 바칼

일반, 직업, 기술 바칼로레아 중
일반 바칼로레아 합격 증명서
(프랑스 바칼로레아는 3종류가 있다.)

로레아(Baccalauréat technologique) 세 종류로 나누어진다.

우리나라 교육부에서 벤치마킹을 할 정도로 가장 이상적인 시험이라고 인정받는 프랑스의 일반 바칼로레아는, 이 시험에 합격하면 프랑스 전역에 있는 4년제 일반 국립대학교에 입학할 자격을 부여받는 일종의 자격시험이다. 바칼로레아의 전통은 매우 오래됐는데 무려 200년을 넘어서 그 시초는 1808년, 나폴레옹 황제까지 거슬러 올라간다. 보통은 줄여서 그냥 '박(Bac)'이라고 불리는 바칼로레아는 국가시험으로, 대학 이상의 고등교육을 받을 수 있는 자격을 부여하는 대학 입시의 개념이자 고등학교 졸업장의 의미도 갖고 있으며 핵심은 평등주의에 바탕을 두고 있다.

누구나 평등하고 동등하게 고등교육을 받게 하기 위해서 20점 만점에 10점만 넘으면 합격하도록 하고 있다. 최근 들어서는 바칼로레아의 합격률이 점점 높아져서 90%를 상회할 정도가 됐는데, 이런 합격률의 바탕에 바로 공화국의 이념인 자유, 평등, 박애 중에서 특별히 평등이 들어 있는 것이다. 공화국 이념이 반영된 시험이기에 최대한 많은 사람들에게 기회를 주기 위해서 시험에 떨어지면 재시험(rattrapage)을 볼 수 있었다. 최대 과목 3개를 선택할 수 있으며, 재시험은 모두 1대 1로 시험관과의 구술로 진행됐다. 그러나 평등을 강조하다 보니 지나치게 합격률이 높아졌는데 거기다 재시험 기회까지 또 주면 시험의 의미가 없다는 사회적 비판에 의해 지난 2018년부터 재시험 제도가 없어지면서 바칼로레아에 떨어진 학생은 재수를 해야만 하는 상황이 됐다.

평등주의에 입각한 바칼로레아의 합격률이 너무 높다는 논란이 있지만 원래 바칼로레아의 합격률이 처음부터 높았던 건 아니었다. 20세기 초반인 1930년대까지만 하더라도 합격률은 10% 내외였다. 즉 원래는 이렇게 간단하고 쉬운 자격시험이 아닌 엘리트를 뽑는 시험으로, 바칼로레아를 취득한 사람은 대학교 학사 학위를 이미 취득한 것이나 마찬가지라고 인정할 정도로 어려웠고, 합격률 10%를 겨우 넘길까 말까 한 어려운 난이도를 자랑했었다. 그러나 어려웠던 바칼로레아는 1968년, 68운동[29]을 거치며 난이도 조정에 들어가게 됐고 그러면서 점차 합

---

29 68운동 : 68운동의 특징은 운동의 주축이 대학생이라는 점이다. 과거 대부분의 혁명이나 운동은 부르주아지 혹은 노동자와 같이 특정 계층이 중심이었던 반면, 68혁명은 대학생을 주축으로 시작하여 점차 다른 계층으로 확산되었다. 프랑스의 5월 혁명이 분수령이 된 이유 중 하나는 바로 구좌파의 대표 계층인 노동자가 가담했기 때문이었다. 1968년 3월, 파리에서 프랑스의 베트남전쟁 참전에 반대하는 차원에서 5명의 청년들이 베트남 전쟁을 주도하던 미국에 항의하는 의미로 아메리칸 익스프레스 파리 지사를 공격한 것이 그 시작이었다. 이후 당국의 제지와 진압에 대응하면서 프랑스 전역의 대학생 시위로 확산됐고, 이어서 학생들을 지지하는 1,000만 노동자 파업으로 번져나갔다. 파리에서 시작된 시위는 베트남전 등의 시대적 문제와 결부되면서 그해 미국, 독일, 체코, 스페인 등 전 세계의 젊은이들을 저항의 열망으로 들끓게 했다. 대학생들이 주축이 된 68운동의 이해를 위해서는 먼저 1968년 당시 대학생이었던 세대, 즉 2차 세계대전이 끝난 해인 1945년을 전후로 태어난 세대에 대한 이해가 필요하다.

격률이 오르기 시작하여 결국 2010년대 이후에는 오히려 난이도가 너무 쉬워졌다는 비판에 직면하게 되었다. 바칼로레아의 합격률이 너무 낮기 때문에 프랑스 대학에 입학하고자 하는 많은 외국 학생들이 바칼로레아를 치지 않고 자신들의 나라에서 대입시험을 보고 입학증을 받아서는 프랑스에 와서 동등한 자격을 인정받는 식으로 유학을 오는 방법을 많이 선택했던 것이다.

우리나라 대입논술시험이 벤치마킹한 바칼로레아의 특징 중 하나는 시험 문제가 깊이 사고해야만 답을 쓸 수 있는 100% 논술식이라는 점이다. 즉 바칼로레아는 단순 암기식 시험보다는 특정 문제에 대해서(공화

2차 세계대전의 참상에서 태어나 전후 극복과 함께 성장한 이들은 전쟁을 일으킨 기성세대에 대한 반감을 가지고 있었다. 당시 프랑스를 비롯한 서구 사회는 아직 나치 청산이 제대로 이루어지기 전이었기 때문에 나치에 협조했던 프랑스의 부역자들은 기성세대로서 부와 권력을 누리고 있었다. 이런 상황에서 터진 베트남 전쟁은 2차 세계대전이나 한국전쟁과 달리 취약한 명분으로 인해 프랑스는 물론 미국에서조차 환영받지 못했고, 이런 사회 분위기에서 대학교에 진학한 학생들은 적극적으로 반전운동에 뛰어들었던 것이다. 반전과 혁명의 움직임이 대학 캠퍼스를 휩쓸면서 오래 쌓여 있던 서구 사회의 사회적 모순, 즉 성차별, 인종차별, 권위주의의 문제가 비판의 대상이 됐다.

68운동은 결과적으로 프랑스 사회에 큰 경종을 울린 것과 동시에 드골 정권의 막을 내리게 하는 데 일조했다. 68운동으로 당시 샤를 드골 정권이 붕괴 직전까지 몰렸던 상황은 드골의 리더십에 치명적인 타격을 입혔고, 드골에게는 정치적인 승부수가 필요하게 됐다. 정치적 위기에 몰린 드골은 그에 대한 프랑스 국민들의 신임을 재확인하여 자신의 영향력을 회복할 필요가 있었고, 이를 위해 국민투표를 실시했다. 그러나 이때 드골이 상정한 안건이 예상을 깨고 부결된 것이다. 프랑스의 국민들이 자신을 더 이상 확실한 지도자로서 신임하지 않는다는 결론을 받아든 드골은 국민에게 맞서서 억지로 권력을 유지하기보다는 정계에서 은퇴하기로 결정했다. 이렇게 68운동은 사회적 변화는 물론이고 정치적 변화까지 이끌어냈다.

제2부 알아두면 더 재미있는 프랑스 문화

국 시민이라면 당연히 잘 알아야 하는) 사유할 기회를 제공하고 자신의 생각을 논리적으로 표현할 수 있는 능력을 중시한다. 바로 이 부분 때문에 우리나라 교육계가 바칼로레아를 가장 이상적인 시험으로 생각했던 것이고 그래서 교육의 목표를 단순 지식 암기에서 깊이 있는 사고로 전환하고자 하는 우리나라 교육계의 필요와 잘 맞아떨어졌다.

앞에서 바칼로레아는 일반, 직업, 기술 바칼로레아의 세 종류가 있다고 했는데, 프랑스에서는 일반고등학교 2학년이 되면 문과, 이과, 경제과 그리고 실업과 등으로 진로를 선택하고, 이 선택에 따라 바칼로레아에서 보는 시험과목과 점수 반영도가 달라지는 구조다. 전공에 상관없이 모두 공통적으로 보는 과목은 프랑스어, 과학, 철학, 외국어,[30] 사회와 지리, 체육, 선택과목, 전공과목 그리고 조별과제가 있다. 바칼로레아는 고등학교 2학년과 3학년, 1년에 나눠서 시험을 보는데, 2학년 때는 조별과제와 프랑스어를 보고 여기에 문과와 이과 학생들은 과학까지 세 과목을 보게 된다. 고등학교 3학년 때는 나머지 과목 전체 시험을 보는데, 과목 수가 많고 시험 시간이 길기 때문에 고등학교 3학년 말에 보는 바칼로레아는 거의 일주일 가까이 치러진다.

바칼로레아는 모두 필기(écrit)와 구술시험(oral)으로 진행되는데 과목에 따라 조금씩 다르지만, 필기 과목 중 짧은 것은 2시간, 길게는 5시간 동안 보는 것도 있다. 또한 필기시험은 다같이 정해진 시간에 보지만, 구술시험 시간은 각자 다른 날, 다른 시간에 본다. 바칼로레아는 평소 학생들이 잘 알고 있는 이슈들을 논리적으로 표현하게 하는 시험이

30 외국어 선택과목으로 2015년부터 한국어가 포함되었다.

지만 채점자에 대한 행운도 조금은 필요한 시험이라고 한다. 그 이유는 채점을 대부분 현직 고등학교 교사들이 하는데 채점자마다 채점 기준이 조금씩 다를 수 있기 때문이다. 특히 채점자의 생각이 중요한 사회나 역사, 철학과 같은 과목은 더욱더 그런 경향이 있다. 채점의 공정함을 확보하기 위해서 학생들이 답안지에 자신의 이름이나 가족의 이름, 사인 등 학생을 유추할 수 있는 그 어떤 것도 적지 못하게 되어 있다. 최근 들어 한국 사회의 주된 이슈 중 하나가 공정성에 관한 것인데, 평등주의가 뿌리 깊이 박힌 프랑스 사회에서 공정, 평등에 관한 것은 더욱 중요하게 여겨지고 있다.

한국에서는 바칼로레아가 한국의 주입식 교육과는 다르게 사지선다형 객관식이 없고 전부 논술로 자신의 생각을 논리적으로 표현하게 한다는 점에서 매우 이상적인 시험으로 여기기도 하지만, 프랑스 내에서 바칼로레아에 대한 여러 가지 비판의 소리가 높은 것도 사실이다. 첫째는 시험과 채점에 엄청난 예산과 시간을 들이는데, 합격률이 너무 높다 보니까 시험이 그저 돈만 잡아먹는 겉치레 통과의례가 됐다는 목소리이다. 그 다음으로는 바칼로레아에 대한 불공정 논란을 우려하는 소리들이 많다. 이 부분이 참으로 아이러니한데 바칼로레아의 장점이자 특징인 논술하고 채점하는 방식에서 비롯된 것이다. 특히 현직 교사들이 채점을 하는데, 논술의 특성상 정답이 없다 보니 교사 개인의 주관이 너무나 크게 작용한다는 것이 문제였던 것이다. 학생들이 어느 교사를 채점자로 만나느냐에 따라서 시험 점수가 달라진다고 생각하기에 학생들은 물론이고 학부모들의 불만이 크다. 마지막 비판의 소리는 바칼로레아 시험의 비실용적이고 너무나 난해한 문제에 대한 지적이다.

제2부 알아두면 더 재미있는 프랑스 문화

여러 시험 과목 중에서 특히 프랑스인들이 가장 큰 관심을 보이는 과목은 첫날 치르는 철학인데 문제가 어렵고 난해하기로 유명하다. 실용성을 중시하는 현대와 어울리지 않는 고리타분한 문제에 대한 우려의 소리가 많은데 이런 현상은 비단 바칼로레아만 그런 것이 아니고 프랑스 공무원 시험에서도 마찬가지였다. 지난 2006년 공무원 시험에 일반인들에게도 생소한 17세기 프랑스 소설『클레브 공작부인(*La princesse de Cleves*)』에 대한 문제가 출제된 적이 있었는데 이때도 비실용적이며 쓸데없이 난해한 문제라는 비판의 소리들이 있었다. 당시 이 문제를 두고 사르코지 전 대통령이 "아마도 사디스트나 멍청이들이 이런 문제를 냈을 것"이라고 공개적으로 비판했고, "연애 심리를 다룬 17세기 옛날 소설과 프랑스 공무원의 직무 능력이 도대체 무슨 상관이 있나"라고 지적하기도 했다.

철학 시험은 세 문제 중에서 하나를 선택해서 4시간 이상 자신의 생각을 논리적으로 써야 하는데, 과연 어떤 문제가 출제됐는지에 대한 사회적인 궁금증이 매우 크다. 한국에서는 학생들이 수능 시험을 보는 동안 학부모들이 시험 장소인 학교의 교문 근처에 모여서 하루 종일 기도를 하거나 혹은 교문에 엿을 붙이는 행동들이 화제가 되지만 프랑스에서는 바칼로레아가 끝나고 출제된 철학 문제에 대해 토론하는 것이 화제이다. 당일 저녁 프라임 시간 방송에서는 사회적인 명사들과 전문가들이 나와서 철학 문제에 대한 논평과 해설 등을 하는 것이 일반적이고 시청률도 상당히 높게 나온다.

일반적으로 프랑스인들은 철학이나 예술을 비롯한 인문학에 대한 관심이 매우 높다. 필자가 파리에 있을 때 바칼로레아 시험 다음 날 우리아이를 유치원에 데려다주고 나서 프랑스 학부모들을 만나는 그 짧은 시간에도 전날 방송에 나온 철학 문제에 대한 얘기를 나누는 것을 여러 번 보기도 했었다. 바칼로레아의 철학 문제에 학생들은 물론이고 프랑스인 모두가 상당히 관심을 보인다는 것을 충분히 알 수 있다.

몇 년 전부터 한국에서도 주입식 교육에 대한 반성에 대한 여파로 바칼로레아에 대한 관심이 높아지고 있는데, 한국 교육계가 반드시 벤치마킹해야 할 부분이 몇 가지 있다. 첫째는 프랑스에서는 우리나라처럼 모든 수험생을 성적으로 줄 세우지 않는다는 점이다. 일반대학(국립대학)에 진학하는 프랑스 학생들의 경우 바칼로레아 성적과 고교 성적표를 제출하지만 고교 내신성적을 우리나라처럼 등급별로 환산하여 점수에 반영하면서 줄 세우기를 하지 않는다. 줄 세우기에 대한 반성의 소리가 높은 한국에서도 다양한 시도를 하고 있다.

둘째는 바칼로레아는 고교 교육 정상화에 이바지하는 시험이라는 것이다. 프랑스 고등학교 수업의 모든 과정은 바칼로레아를 준비하는 과정으로 학생들은 바칼로레아 시험을 위해서는 반드시 고교 교육과정을 충실히 이수해야 하며, 교사들도 바칼로레아에 대비한 수업을 진행한다. 출제되는 문제도 당연히 고교 교육과정에 충실하게 근거하며, 시험의 출제와 관리, 채점 등의 전 과정에 고교 3학년 교사들이 참여한다. 한국에서는 대부분 대학의 교수들이 주체가 되는 것과 상당히 다른 점이다. 이처럼 바칼로레아는 교과 교육과정과 밀접한 관계가 있으며 고교 교육의 정상화에 크게 기여하고 있다. 즉 교과 교육과정에 충실한 시험이기 때문에 이 시험을 위해 따로 사교육을 할 필요가 없는 것이다. 얼마 전에도 한국의 주요 사립대학들이 논술 문제를 교과 교육과정 밖에

제2부 알아두면 더 재미있는 프랑스 문화

서 출제해서 문제가 됐는데(매년 되풀이되는 일이다), 이렇게 출제하면 당연히 사교육이 증가할 수밖에 없다. 즉 공교육의 신뢰를 해치는 행위가 된다는 것이다.[31]

프랑스 바칼로레아 시험은 고교 공교육과 대학입시의 철저한 연계를 보여주고 교과 교육과정을 잘 이수하였음을 확인하는 시험이기 때문에, 충실하게 교과 교육과정을 이수하는 것을 목적으로 만들어졌다. 바로 이 부분이 수능과 학교 교육과정이 일치하지 않거나, 수능 준비가 고교 교육의 정상화에 기여하지 못하는 우리에게 시사점을 주는 부분이다.

---

31 대학 논술 여전히 교과 교육과정 밖 출제가 많다.
    https://news.v.daum.net/v/20160705211524522
    https://www.hankookilbo.com/News/Read/A2021060715280000093?did=DA
    https://blog.naver.com/chaennnn/220415236916

10

샹젤리제가 세계에서 가장 아름다운 거리라고?

　매년 세계에서 가장 많은 관광객을 불러 모은다는 프랑스를 떠올리면 여러분들은 가장 먼저 무엇이 연상되는가? 프랑스에는 이런 말이 있다. 파리를 아직 한 번도 와보지 않은 사람들은 가장 먼저 에펠탑을 연상하고, 자주 와본 사람들은 샹젤리제를 연상한다고…….

　"오 샹젤리제, 오 샹젤리제." 아직 파리에 한 번도 가보지 못했어도 중년 이상의 사람들이라면 한 번쯤은 반드시 들어봤을 노래 〈오 샹젤리제〉[32]를 통해 젊은 시절부터 막연한 동경심을 불러일으켰던 거리. 그곳

32　이 노래는 파리의 샹젤리제 거리를 전 세계인들의 머릿속에 깊이 각인시키면서 파리를 대표하는 샹송으로 군림했던 명곡인데, 원래는 영국의 거리를 노래한 〈워틸루 로드(Wateroo Road)〉라는 노래의 멜로디에 프랑스 작곡가 피에르 드라노에(Pierre Delanoe)가 프랑스어로 가사를 붙인 것이다. 파리지앵들의 사랑과 이별, 희망 등의 정서를 표현한 이 노래를 많은 가수들이 편곡해서 부르면서 우리나라에서도 샹송

파리는 1구부터 20구까지로 구역이 나뉘는데,
개선문과 샹젤리제 거리가 있는 8구는 파리 전체에서도 가장 부촌으로 꼽히는 곳이다.

을 방문했던 많은 관광객들의 입을 통해 '세계에서 가장 아름다운 거리'
로 수없이 칭송됐던 이곳이 바로 에펠탑과 개선문만큼 유명한 샹젤리제
거리(Avenues des Champs-Élysées)[33]이다. 특히 프랑스의 인기가수 조 다생(Joe
Dassin)이 경쾌한 멜로디에 맞춰 노래를 불러 공전의 히트를 친 이 노래에
는 "샹젤리제 거리에서는 당신이 원하는 모든 것을 찾을 수 있어요"라는
가사가 나온다. 작은 구멍가게부터 루이뷔통과 샤넬 같은 최고 명품 브

을 대표하는 노래로 인기를 얻었다.

33 샹젤리제 거리 : 공식 이름은 Avenue des Champs-Élysées('엘리시온 가(街)'라는 뜻)
로 개선문에서부터 콩코드 광장까지 약 1.9킬로미터 정도의 거리이다. 17세기 말
프랑스 최고의 조경 전문가였던 앙드레 르 노트르가 넓고 그늘이 많은 대로를 조경
했고, 18세기에는 그 전체가 샹젤리제라고 불리게 되었다. 1836년에 개선문이 준
공되었고, 1860년대에 이르러 조르주 외젠 오스만 남작이 파리의 대로들을 완전히
재설계했다. 샹젤리제 대로는 엘리제 궁전을 비롯한 최고의 럭셔리 상점들이 들어
서면서 지금의 명성을 갖게 되었다.

샹젤리제가 세계에서 가장 아름다운 거리라고?

랜드 매장, 프랑스 대통령 집무실인 엘리제 궁전까지 정말 원하는 모든 것을 찾아볼 수 있는 곳이 바로 샹젤리제 거리일 것이다. 특히 샹젤리제 거리의 시작인 개선문과 콩코드 광장까지 어우러지면서 극강의 화려함을 추구한다.

한국인들이 2002년 월드컵을 기점으로 국가적인 행사나 경기가 있으면 서울시청 앞 광장에 모여서 응원을 하고 행사를 치르는 것처럼, 프랑스 사람들은 월드컵 응원, 국경일 퍼레이드 등 큰 행사가 있으면 개선문부터 콩코드 광장까지 2킬로미터가 조금 넘는 이 대로에 수십만 명이 운집하기도 한다. 매년 새해 첫날을 맞는 행사도 바로 이곳에서 진행할 정도로 프랑스인들이 사랑하고 큰 자부심을 갖게 하는 장소 중 하나가 바로 샹젤리제 대로이다. 특히 1840년 나폴레옹의 유해가 이 거리를 통해서 지나간 후로 '승리의 길'이라고 불리며, 세계에서 가장 아름다운 거리로 자부한다.

그렇다면 이렇게 아름답고 멋진 거리는 누구에 의해, 어떤 과정을 거쳐 만들어졌을까? 샹젤리제 거리는 앙리 4세의 왕비인 마리 드 메디시스(Marie de Médicis)가 튈르리 정원에서 이어지는 산책길을 조성하면서 만들어졌는데, 특히 베르사유 궁전의 정원을 완성하여 유명해진 정원의 마술사 앙드레 르 노트르(André Le Nôtre)가 설계 총책임을 맡았다. 앙드레 르 노트르는 베르사유 궁전의 정원을 프랑스 양식으로 꾸민 정원사로서 최고의 명성을 지닌 인물이다. 1667년에는 튈르리 궁전의 정원을 확대한다는 개념, 즉 튈르리 정원의 산책로를 좀 더 넓게 만든다는 생각으로 조성한 거리인데, 1709년부터 그리스 로마 신화에서 차용한 '샹젤리제'라는 이름으로 불리기 시작했다. 오랜 공사 기간을 거쳐 18세기 초반인

19세기 말 파리의 모습, 튈르리 궁전에서 시작된 샹젤리제가 멀리 개선문까지 연결되어 있다.

1724년, 튈르리 정원에서부터 지금의 개선문이 있는 위치까지 산책로가 연장되었다. 이어서 1772년 건축가인 자크 제르맹 수플로(Jacques Germain Soufflot)에 의하여 다섯 갈래의 길이 만나는 '별의 광장(Etoile)'이 만들어졌고 결국에는 지금의 열두 갈래의 길이 만나는 장소로 확대되었다. 화려하고 우아한 왕비 마리 드 메디시스가 거닐던 튈르리 궁전의 좁은 산책로는 당대 최고의 조경사인 앙드레 르 노트르를 만나면서 지금의 화려한 명품과 식도락이 함께하는, 수많은 사람들을 불러 모으는 세계 최고의 거리가 된 것이다.

사실 17세기 초까지만 하더라도 이곳은 비만 오면 센강이 범람하여 상습적으로 침수되었고 주변에는 온통 논과 밭이 있던 척박한 곳이었다. 이곳을 가꾸기 시작한 것은 1616년부터 마리 드 메디시스가 나무와 꽃을 심으면서 '왕비의 뜰'로 불린 것이 그 시초였다. 특히 마리 드 메디시스는 햇살이 좋은 날 왕실마차를 타고 주변을 보는 것을 좋아했다고

샹젤리제가 세계에서 가장 아름다운 거리라고?

19세기 샹젤리제 거리

전해지는데, 당시 왕과 왕비가 머물던 튈르리 궁전 주변에는 말과 마차가 달릴 수 있는 쭉 뻗은 큰길이 없었다. 그리하여 왕비를 태운 왕실마차가 달릴 수 있는 큰길이 필요했던 것이 지금의 샹젤리제 거리가 만들어진 이유였다. 노트르는 가장 먼저 길 양옆으로 가로수들을 심었고 이어서 로터리를 만들었으며 보행도로와 마차가 마음 놓고 달릴 수 있는 일직선 도로를 건설했다.

지금의 샹젤리제 거리는 가운데 8차선 차도를 기준으로 양쪽 인도에 울창한 플라타너스와 마로니에 나무들로 조성된 전체 길이 약 2.3킬로미터, 폭 약 70미터의 거리로, 시작 지점인 개선문 쪽은 화려한 카페와 식당, 명품점들로 이루어져 있고 거리가 끝나는 지점인 콩코드 광장 쪽으로는 유명한 오벨리스크와 튈르리 정원 그리고 대관람차가 있다.

나폴레옹 황제의 조카인 나폴레옹 3세가 집권한 19세기 들어 파리는 대대적인 변화를 겪는다. 그중 하나가 바로 화려한 개인 저택과 연극 공연을 위한 극장들이 많이 들어섰다는 것이다. 즉 파리의 부호들과 정치인, 예술가들이 개인 저택을 갖게 되면서 자신들의 교양과 세련미를 뽐내고 만족시키기 위한 무엇인가가 필요했고 그런 취향을 위해 화려한 레스토랑과 유명 브랜드 매장, 극장, 화랑들이 넓고 쭉 뻗은 대로인 샹젤리제에 들어서면서 점점 유명해지기 시작했다. 특히 파리의 상징 중 하나인 노천카페들과 왕실 요리사 출신들이 운영하는 개인 레스토랑들, 카바레 등이 하나씩 들어서면서 더 많은 사람들이 찾아와 명소가 되기 시작했다.

1870년경에는 약 3,000여 개의 가스등이 거리의 양쪽에 설치되면서, 낮은 물론이고 밤에도 가스등 불빛 아래에서 무도회나 연주회가 열리게 되었고 본격적으로 파리 상류사회의 회합 장소로 애용되면서 찬란하고 화려한 샹젤리제의 밤 문화가 시작되었다.

발음조차 우아하게 들리는 샹젤리제라는 이름은 어디에서 온 것일까? 샹젤리제의 이름에서 '샹(Champs)'은 뜰, 정원을 의미하고, '엘리제(Elysées)'는 낙원이라는 의미이니, 직역하면 '낙원의 뜰' 정

가스등이 설치된 샹젤리제 거리

엘리제 궁전 외관

도가 된다. '엘리제'는 그리스 로마 신화에서 차용해 온 것인데, 신화에
서는 용사들이 머무는 낙원이라는 의미로 '엘리시온 들판(Elysian Field)'이
라는 장소가 나온다. 고대 그리스인들이 행복한 영혼이 죽은 후에 가는
곳이라고 믿던 곳이었다. 그리스어로 '엘리시온'은 이상향 혹은 천국을
의미하는 용어이기도 하다.

샹젤리제 거리 안쪽에 있는 프랑스 대통령의 집무실인 '엘리제 궁전
(Palais de l'Élysée)'도 직역하면 역시 용사들이 머무는 '낙원의 궁전'이 된
다. 엘리제 궁전은 루이 15세의 애첩 마담 퐁파두르, 나폴레옹의 왕비였
던 조세핀이 머물렀던 곳으로 원래 귀족의 저택이었다. 18세기 초반인
1718년, 당시 유명 건축가였던 아르망(Armand–Claude–Mollet)이 에브뢰 백
작의 주문을 받아 그의 저택을 지었다. 그래서 처음에는 백작의 이름을
따서 오텔 에브뢰(Hotel d' Evreux)라고 불렸고 이후 부르봉 공작부인의 소

제2부 알아두면 더 재미있는 프랑스 문화

유가 됐을 때는 그의 이름이 붙었다. 1753년 아르망이 죽을 때까지 이 저택은 파리에서 가장 격식 있고 멋진 저택으로 소문이 났다. 그리하여 국왕 루이 15세가 구입해서 애첩이었던 마담 퐁파두르에게 선물했던 것이다.

일반 대중에게 공개된 후에는 샹젤리제 거리 안쪽에 건물이 있다고 해서 '엘리제 궁전'이 되었다. 이후 나폴레옹 시대에 와서 정부 공식 관저가 되었고, 1848년 제2공화국 시절에 드디어 공식적으로 대통령 관저가 됐다. 그러나 나폴레옹 3세가 집권하면서 기존의 궁전이었던 튈르리 궁전으로 다시 거처를 옮기면서 유명무실해질 뻔했는데 1870년 프랑스에 다시 공화제가 시작되면서 정부 수반의 관저로서의 지위를 회복할 수 있었다. 엘리제 궁전은 청와대나 백악관 등에 비해 그 규모가 매우 작고, 특히 샹젤리제 거리에 있기 때문에 늘 많은 관광객들이 찾는 장소가 됐는데 경호상 많은 문제가 있다는 지적으로 인해 대통령 관저로서 부적합하다는 논란이 늘 제기되고 있다. 그럼에도 불구하고 엘리제 궁전은 프랑스 행정과 권력의 심장부로서의 역할을 계속 감당하고 있다.

제3부

로마의 정복지에서
혁명의 나라가 되기까지

01

프랑스인들의 조상 갈리아인들은 누구였는가?

　　오랫동안 유럽에서 찬란한 문화와 예술을 꽃피웠던 프랑스는 우리나라처럼 삼면이 바다로 둘러싸여 있는데 북쪽으로는 도버해협을 사이에 두고 영국과 마주 보고 있고, 서쪽과 남쪽으로는 대서양과 지중해를 끼고 있다. 지금은 프랑스라고 부르지만 고대에는 갈리아[1]라고 불렸다. 프랑스 지역에는 기원전 8세기경 이전부터 원주민들이 살고 있었는데 이들을 몰아내고 이 지역을 차지한 종족이 켈티카(Celtica), 즉 켈트족이었다. 로마 사람들이 인도-유럽계의 한 종족이라고 알려진 켈트족이 사는 지역을 불렀던 지명이 바로 갈리아였고, 거기 살던 사람들을 갈리아인

1　갈리아 : 프랑스어로는 골루아(Gaulois)이고 라틴어로는 켈트라고 불렀다. 당시 갈리아 지역은 지금의 프랑스, 벨기에, 룩셈부르크, 네덜란드, 독일 서부 그리고 스위스까지 아우르는 광활한 지역이었다.

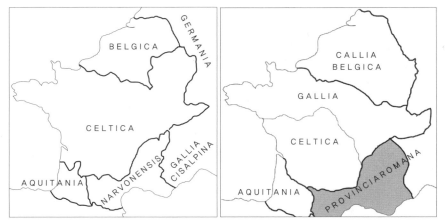

고대 프랑스 지도. 켈티카(Celtica)와 갈리아(Gallia)라는 지명이 보인다. 오른쪽 지도 하단에 프로빈키아(Provincia)라는 이름이 보이는데 이게 지금의 프로방스(Provence)가 되었다.

혹은 골족(Gaules)이라고 한 것이다.

이들이 바로 지금 프랑스 사람들의 조상이 된다. 갈리아는 한때 로마 제국과 맞먹을 정도로 큰 영토를 지배했지만 로마인들처럼 통일제국을 세우지는 못했다. 영토가 크고 비슷한 힘을 가진 세력들이 같은 시기에, 그것도 아주 가까이 있으면 필연적으로 영토 확장을 위한 크고 작은 많은 전쟁을 벌이는 것이 모든 역사의 공통점이다. 유럽 대륙에 로마제국과 비슷한 위세를 떨치던 갈리아가 있었으니 이들 두 세력도 당연히 영토 전쟁을 수없이 벌였다.

프랑스의 남쪽에 위치한, 흔히 프로방스(Provence)라고 불리는 지역을 여행해본 사람들은 왜 프랑스 지역에 로마제국의 건물, 경기장, 수로 등등 로마의 흔적이 많을까 하는 궁금증이 들 것이다. 프로방스 지역에 로마제국의 유적이 많은 이유는 결론적으로 로마제국이 갈리아와의 전쟁에서 승리했고 결국 갈리아를 로마의 속주(식민지)로 삼았기 때문이었다.

제3부 로마의 정복지에서 혁명의 나라가 되기까지

기원전 58년, 로마제국에서 명성을 떨치던 카이사르가 수년에 걸친 갈리아와의 전쟁에서 승리를 거두면서 갈리아를 정복하고 이때부터 갈리아는 로마의 속주로 전락했던 것이다. 이 시기부터 갈리아는 제2의 로마제국처럼 로마화의 길을 걷게 됐고 그로 인해서 프로방스 지역에서 당시 로마에 의해 세워졌던 여러 흔적을 어렵지 않게 발견할 수 있다.

02

갈리아 정복자 카이사르가 베스트셀러 작가였다고?

로마의 위대한 정치가이자 장군이었던 카이사르가 작가였다고, 그것도 베스트셀러 작가였다고 하면 십중팔구는 의아해할 것이다. 베스트셀러 작가라 하면 소설이나 수필 등등의 책을 쓰고, 그 책이 대중에게 큰 인기를 얻어서 엄청난 판매량을 기록한 작가들에게 붙이는 칭호이다. 그런데 우리가 아는 그 카이사르가 베스트셀러 작가였다고? 그러나 카이사르는 분명히 책, 그것도 갈리아 정복에 관해 생생하게 서술한 책을 썼고, 그것이 분명히 많은 로마 사람들에게 큰 인기를 얻었다는 것이 역사적 사실이다.

갈리아 정복의 사명을 받고 로마에서 출정했던 장군 카이사르는 최종적으로 알레시아 전투[2]에서 대승리를 거두면서 갈리아 정복을 완수했

---

2 알레시아 전투(Battle of Alesia) : 갈리아 원정의 마지막인 기원전 52년 9월에서 10

제3부 로마의 정복지에서 혁명의 나라가 되기까지

카이사르에게
항복하기 위해 오는
베르킨게토릭스(상상도)

다. 기원전 58년부터 시작된 7년 전쟁을 이끈 카이사르는 정복전쟁 틈틈이 당시의 생생한 현장을 기록했다. 자신이 직접 갈리아에서 벌였던 전투에 관한 기록을 생생하게 남긴 것이다. 그곳에서 벌어진 치열한 전투와 정복 상황, 그리고 자신이 펼쳤던 군사적 전략과 전투기술에 관한 이야기들을 실감나게 서술했다. 1년에 한 권씩이었다. 나중에는 총 7권의 기록을 모아서 『갈리아 전쟁기』라는 제목의 책을 출간했던 것이다.

카이사르의 『갈리아 전쟁기』는 출간되자마자 모든 로마인들의 찬사

월 사이에 벌어졌던 전투. 카이사르는 이 전투에서 승리하여 최종적으로 갈리아를 정복하는 데 성공했다. 갈리아 군사들을 이끌고 지도하던 갈리아의 리더 베르킨게토릭스(Vercingetorix)가 카이사르에 직접 나아와서 항복함으로써 7년에 걸쳐 벌어졌던 갈리아 원정은 카이사르의 대승리로 끝났다. 로마에서 카이사르의 인지도와 인기를 절정에 다다르게 만들어주었던, 그의 인생에서도 손에 꼽히는 위대한 전투였다. 베르킨게토릭스는 카이사르와 로마군의 위세에 눌려 꼬리를 내린 전 갈리아인들을 하나로 뭉치게 해서 카이사르에 맞섰던 갈리아의 영웅이었다. 8만여 명의 대군을 거느리고 카이사르의 5만여 군사와 충돌했던 베르킨게토릭스는 알레시아 전투의 패배로 인해 갈리아의 지배권을 카이사르에게 넘기고 말았다.

갈리아 정복자 카이사르가 베스트셀러 작가였다고?

를 받았고, 단숨에 로마 최고의 베스트셀러가 되었다. 이 전쟁기를 통해서 로마인들은 평소 궁금했던 갈리아 정복전쟁에 대한 자세한 이야기는 물론이고, 막연하기만 하던 브리타니아(영국)에 대한 정보까지 얻었으며, 특히 세계를 지배하는 위대한 로마인이라는 엄청난 자부심까지 고취할 수 있었다. 이런 이유들로 『갈리아 전쟁기』는 로마의 젊은 계층에서 인기를 끌었다. 『갈리아 전쟁기』는 전쟁을 직접 수행한 최고 사령관이 실제 작전 상황과 전쟁 수행 과정을 자세히 기록했다는 점에서 매우 희귀한 사례이며, 후대에 이르러 최고의 전쟁 회고록이자 보고문학의 정수이며 라틴 문학의 걸작이라는 평가를 받기도 한다.

로마의 카이사르가 갈리아 정복전쟁을 겪으면서 전쟁에 대해 기록했다면, 우리나라 역사에도 최고의 장군이 전쟁 상황을 기록한 책이 있다. 임진왜란을 승리로 이끌었던 영웅 이순신 장군이 쓴 『난중일기』가 그것이다. 이순신 장군의 『난중일기』[3]와 카이사르의 『갈리아 전쟁기』는 모두 전쟁의 최선봉에 있었던 리더들이 작성했다는 점, 갈리아 정복과 임진왜란 모두 7년이라는 시간 동안 벌어졌다는 점, 7권과 7책으로 구성되어 있다는 점 등의 공통점도 있다.

---

3 『난중일기』: 1592년(선조 25) 임진왜란이 발발하고 다음 달인 5월 1일부터 이순신 장군이 전사하기 전 달인 1598년 10월 7일까지의 총 7년에 걸친 전쟁 관련 기록으로, 총 7책 205장으로 구성되어 있다. 친필 초고가 충청남도 아산 현충사에 보관되어 있으며 현재 국보 제76호로 매우 귀중한 진중일기로 평가받는다.

원래 이 진중일기에는 제목이 없었는데, 1795년(정조 19) 『이충무공전서(李忠武公全書)』를 편찬하면서 당시 편찬자가 편의상 전쟁이라는 변란의 한복판에서 쓴 일기라는 뜻에서 '난중일기'라는 제목을 붙였던 것으로 전해진다. 그 뒤로 『난중일기』라는 이름으로 부르게 되었다.

카이사르의 『갈리아 전쟁기』

이순신의 『난중일기』

　　카이사르에 의해 정복되어 로마의 속주가 된 갈리아 지역은 자연스럽게 로마 문화의 영향을 받게 된다. 그래서 생긴 것이 갈리아와 로마를 합쳐 부르는 '갈로 로망(Gallo-Romaine)' 문화였다. 또한 켈트족들에게 보급되어 사용되던 라틴어는 후에 프랑스어의 모태가 되었다.

갈리아 정복자 카이사르가 베스트셀러 작가였다고?

03

프로방스 지역에 로마의 유적이 많다고?

프랑스에서 파리 다음으로 많은 관광객들이 찾는 곳을 꼽으라면 아마도 남쪽 프랑스 지역인 프로방스(Provence) 지역일 것이다. 연중 온화한 기후와 아름다운 자연 그리고 보라색 라벤더를 비롯한 수많은 꽃들이 피어 있는 곳. 그래서 우리가 잘 아는 고흐, 세잔, 고갱 등 인상파 화가들이 머물면서 위대한 작품들을 창작했던 곳, 이곳이 바로 진정한 프랑스를 느낄 수 있는 프로방스이다.

프로방스는 특정 도시 이름이 아니고 남프랑스에 있는 여러 도시들이 포함된 지역의 이름이다. 물론 프로방스에 액상프로방스(Aix-en Provence)라는 소도시가 있기는 하지만, 굳이 비교하자면 속초, 강릉, 동해 등 도시들을 포함하고 있는 강원도 같은 지역 이름인 것이다.

프랑스의 상징이라 해도 좋을 만큼 아름다운 지방인 프로방스의 여러 도시에 왜 로마의 흔적과 유적들이 많이 있을까? 그 이유를 알기 위해서는 먼저 우리가 잘 아는 로마의 영웅 카이사르를 다시 소환해야 한다. 기원전 58년부터 52년까지 7년에 걸친 카이사르의 갈리아 정복전쟁 이후 갈리아는 결국 로마의 속주로 전락했다. 『갈리아 전쟁기』를 쓰면서 카이사르가 얻은 가장 큰 이득은 자신의 이름을 모든 로마인들에게 확실히 각인시킨 것이었다.

평소 친구이자 라이벌이었던 폼페이우스[4]가 지중해에 출몰해서 로마를 괴롭히던 많은 해적들을 소탕하고 지중해의 해상 제해권을 확보하면서 이름을 날리던 것에 비해 그동안 별다른 공적이 없었던 카이사르가 이 전쟁기를 통해서 일약 로마인들이 열광하는 인물이 되었고, 결국 후에 황제의 반열에 오를 수 있게 됐던 것이다.

이처럼 카이사르에 의해 로마의 속주가 됐다는 것은 갈리아 입장에서는 몰락과 번영이라는 동전의 양면성을 갖는 것이었다. 즉 갈리아 영토에서 로마인들에 의한 통치가 이루어진다는 것은 분명한 몰락이자 악재였지만, 당시 세계 최고의 제국이었던 로마가 수월한 통치를 위해 갈

---

4 폼페이우스(Gnaeus Pompeius Magnus, BC 106~148) : 로마의 정치인. 노예와 검투사들이 일으킨 '스파르타쿠스의 반란'을 제압하는 데 크라수스와 더불어 가장 큰 공을 세웠으며, 막대한 부를 바탕으로 로마인들의 인기가 높았다. 로마 역사를 상징하는 키워드 중 하나인 제1차 삼두정치를 카이사르, 크라수스와 함께 이끌었다. 카이사르와는 친구였으나, 권력 다툼으로 인해 정적으로 돌아서게 됐다. 카이사르가 "주사위는 던져졌다"는 유명한 말을 남기고 루비콘강을 건너 로마로 진격하면서 폼페이우스는 로마에서 축출된다. 이집트로 도망친 폼페이우스는 결국 살아서 다시 로마로 돌아오지 못했고 로마의 전권은 카이사르가 차지하게 됐다. 그러나 권력을 독점하던 카이사르도 훗날 원로원에서 양아들 브루투스가 포함된 반대파에 의해 암살되는데 이때 카이사르가 무수히 많은 칼을 맞고 죽어가던 곳이 바로 원로원 안에 있던 폼페이우스 동상 아래였다고 한다.

로마가 건설한 님의 수도교
'퐁 뒤 가르'

리아 지역 곳곳에 극장과 경기장, 수로, 도로 등을 건설했는데, 이것은 역설적으로 갈리아가 다시 재건하는 데 큰 밑바탕이 됐기 때문이었다.

이 시기에 많은 도시들이 발전했고, 이 도시들이 현재 프로방스 지방을 대표하는 유명한 지역이 되었다. 이런 이유로 인해 프로방스 지역을 여행하다 보면 로마와 이탈리아에서 보던 유적들과 상당히 흡사한 건축물들을 쉽게 볼 수 있다. 그중 대표적인 도시가 바로 '님(Nimes)'이라는 프로방스 도시인데, 기원전 45년 로마제국의 식민지로 만들어졌고, 프랑스에 있는 로마 도시들 중 가장 오랜 역사를 간직하고 있는 곳이다. 도시 자체가 고대에 세워진 도시답게 작고 아담한 곳인데 이 님에서 볼 수 있는 가장 로마다운 유적들 중 로마의 콜로세움과 흡사한 원형경기장과 성곽 그리고 멀리서 물을 끌어오던 다리인 수도교 등이 유명하다.

로마의 원로원을 비롯한 정치인들에게는 중요한 사명이 한 가지 있었는데 바로 속주를 비롯해서 통치 지역 사람들에게 끊임없이 쾌락과 만족감을 줘야 한다는 것이었다. 이런 만족감을 위해서 유력 정치인들

제3부 로마의 정복지에서 혁명의 나라가 되기까지

로마의 콜로세움과 흡사한
님의 원형 경기장.
2만 명 이상을 수용할 수
있으며 지금도 활용된다.

이 할 수 있는 것 중 하나가 바로 잔혹하면서도 절정의 쾌락을 제공하는
검투사 경기들을 수시로 개최하는 것이었는데. 이를 위해서 필요한 것
이 바로 원형 경기장이었다. 그래서 로마의 콜로세움을 비롯해서 로마
가 지배했던 지역에는 크고 작은 원형 경기장들이 항상 있었다.

04

프랑스의 기원은 프랑크왕국이라고?

지금의 프랑스(France)라는 나라의 이름은 게르만족의 일원인 프랑크족이 세웠던 프랑크왕국에서 온 것이다. 서기 2세기 후반에서 3세기에 들어서면서 로마제국은 끊이지 않는 내부의 권력 다툼과 사치 향락, 노예와 검투사들의 반란[5] 그리고 게르만족을 중심으로 한 외부 세력의 침

---

5 스파르타쿠스의 반란(War of Spartacus, BC 73~71) : 스파르타쿠스의 반란은 로마 공화정에서 일어난 노예들과 검투사들의 마지막 반란이었다. 고대 역사가 플루타르코스가 반란군을 이끌던 지도자 스파르타쿠스의 이름을 따서 스파르타쿠스의 반란이라고 불렀고, 또 다른 역사에서는 '제3차 노예전쟁'이라는 이름을 쓰기도 하는데, 그 이유는 로마제국이 이미 두 차례에 걸친 노예반란에 의한 전쟁을 겪은 적이 있었기 때문이다. 과거 두 차례의 노예전쟁은 모두 로마의 곡창 역할을 하던 시칠리아에서 벌어졌는데 대규모 농업을 위해서 많은 수의 노예들을 시칠리아에서 부렸었기 때문이었다.

기원전 73년, 카푸아의 검투사 양성소에서 스파르타쿠스와 크릭수스가 이끌던 74명의 검투사들이 탈출하는 사건이 발생한다. 스파르타쿠스는 트라키아 출신이었고

입 등으로 인해 힘겨운 시대를 보내고 있었다. 특히 서기 5세기 초반인 406년 이후 유럽 대륙의 북쪽으로부터 기세등등하게 남하하는 훈족[6]을 피해 로마제국의 국경을 끊임없이 침략하던 게르만족들은 당시 동고트족, 서고트족, 반달족 그리고 프랑크족 등으로 구성된 일종의 다민족 무리였다. 포악하기로 유명한 게르만족들보다도 더 잔인하고 흉포한 훈족을 피해서 유럽의 서쪽과 남쪽을 향한 게르만족들의 이동(실제로는 도망)이 시작됐는데, 역사는 이를 '게르만족의 대이동'이라고 했다.

서기 406년, 훈족을 피해 도망하던 게르만족들은 결국 라인강을 넘

크릭수스는 갈리아 출신이었다. 사태를 가볍게 생각했던 로마가 정규군이 아닌 지역 토벌군을 보냈지만 오히려 검투사들에게 패배한다. 검투사들의 승리 소식을 들은 주변 지역에 있던 다른 검투사들과 노예들까지 합세하게 되면서 스파르타쿠스가 이끄는 반란군들의 수는 크게 증가했다. 사태의 심각성을 깨달은 로마 원로원은 크라수스에게 8개의 군단을 주면서 반란의 진압을 명했고, 크라수스가 이끄는 로마 정규군과 나중에 이스파니아(현 스페인)에서 합류한 폼페이우스의 정규군에 의해 2년 동안 로마를 벌벌 떨게 만들었던 스파르타쿠스의 반란은 진압된다. 반란을 직접 제압한 크라수스와 폼페이우스의 정치적 위상은 급속히 확대됐고 이는 카이사르와 함께 제1차 삼두정치를 형성하는 바탕이 됐다. 당시 크라수스에 제압된 반란군들의 시신은 카푸아에서 로마에 이르는 가장 큰 대로인 아피아의 양쪽 길에 십자가형으로 전시했다고 하는데, 그 길이가 수십 킬로미터에 이르렀다고 한다.

6 훈족(Hun) : 중앙아시아에 살던 기마 유목 민족. 4세기에 유럽으로 이동하여 동고트족을 무찌르고 서고트족을 압박하여 게르만족의 대이동을 유발하였다. 로마제국 말기인 서기 375년부터 469년까지 거의 100년에 이르는 시간 동안 유럽의 많은 지역을 점령하면서 공포의 대명사로 군림했다. 특히 5세기 중반 훈족의 지도자인 아틸라(Attila) 왕 때에는 아시아에서 유럽에 이르는 대제국을 수립하기도 하였다. 당시 훈족이 활동하던 주요 근거지가 지금의 헝가리(Hungary) 지역이었고, 훈족의 Hun과 헝가리의 Hun이 같다고 해서 헝가리의 기원으로 보는 설도 있다. 당시 유럽인들이 얼마나 훈족과 아틸라를 두려워했는지 우는 아이에게 "문 밖에 아틸라가 왔다"고 하면 울음을 그칠 정도였다고 한다.

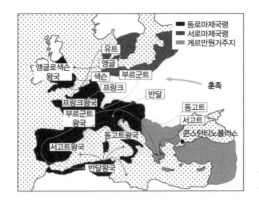

동로마제국령
서로마제국령
게르만원거주지

유트
앵글
색슨
부르군트
프랑크
반달
동고트
서고트
콘스탄티노플라스

앵글로색슨
왕국

프랑크왕국
부르군트
왕국

서고트왕국

동고트왕국

반달왕국

훈족

훈족의 침입 → 게르만족의 이동 →
프랑크왕국 건설로 이어진다.

어서 로마가 지배하던 갈리아(지금의 프랑스 영토)으로 들어가게 된다. 당
시 국력이 많이 쇠약해진 로마는 몰락을 향해 내리막길을 가고 있었기
에 이들을 막을 수 없었다. 결국 갈리아에 들어온 게르만족의 일파인 프
랑크족이 클로비스(Clovis)라는 인물을 중심으로 지금의 프랑스라는 이름
의 기원인 '프랑크왕국'을 세웠다. 클로비스는 이후 새로운 왕조를 열었
으며 그가 세운 왕조는 5세기 중반부터 8세기 중반까지 갈리아 영토 대
부분 지역을 점령하고 지배했다. 이것이 바로 프랑스 최초의 왕조였던
메로빙거 왕조[7]의 시작이었다.

---

7 메로빙거 왕조(Merovingian dynasty) : 프랑스 최초의 왕조. 476년 서로마제국 멸망
이후 서로마가 다스리던 각 지역에 정착한 게르만 왕국들 중 현재의 프랑스 및 벨
기에 지역인 갈리아에 정착한 프랑크왕국의 첫 왕조이다. 5세기 들어 훈족에게 밀
려 갈리아 지역으로 들어간 게르만족들이 서고트족, 동고트족 그리고 프랑크족이
었는데, 그중 프랑크족의 수장이었던 클로비스가 481년 왕이 된 이래로 751년까
지 약 270여 년 동안 현재의 프랑스 및 서부 독일 지역 등에 대한 지배권을 행사하
였다. 프랑스 최초의 왕조를 연 클로비스는 498년 가톨릭 신자였던 부인의 간곡한
부탁을 받아들여서 기독교로 개종했는데, 이 일도 프랑스 역사에서 매우 큰 의미가

서기 481년 프랑크왕국을 세우고 메로빙거 왕조를 열었던 클로비스에게는 4명의 아들이 있었는데, 클로비스가 511년 죽은 후 4명의 아들들에 의해 거점별로 영토가 나누어지게 됐고 이후부터는 분열과 통합이 반복된다. 클로비스의 4명의 아들들과 그들의 손자들에 의해 메로빙거 왕조는 끊임없이 권력 다툼을 벌였다. 내분으로 통치력이 약화되자 왕권은 빠른 속도로 약해졌고 결국 궁재(宮宰) 칼 마르텔의 아들 피핀(Pepin)에 의해서 메로빙거 왕조가 무너진다. 피핀은 메로빙거 왕조를 종식시키고 자신을 중심으로 하는 새로운 왕조를 열었으며 그 이름을 카롤링거 왕조라 불렀다. 카롤링거 왕조는 제2대 샤를마뉴 대제(Charlemagne, 742~814, 카롤루스 대제)[8] 시대에 접어들면서 비약적인 발전을 하게 된다.

샤를마뉴 대제는 게르만 민족 전체를 통합하고 영토를 확대하였으며, 로마 교황으로부터 신성로마제국의 황제라는 칭호를 받은, 프랑스 중세 역사상 엄청난 상징성과 중요성을 가진 황제였다. 서로마제국의 광대한 영토를 회복했을 뿐만 아니라 시대적 혼란 속에서도 서유럽의

있는 일이었다. 클로비스의 개종은 로마의 정신문화를 계승하여 정치 세력을 확대하는 결과를 가져왔으며, 프랑크왕국이 서유럽에서 로마제국의 뒤를 이어 지배적인 국가로 성장하는 계기를 마련했기 때문이었다.

8 샤를마뉴 대제(Charlemagne, 742~814) : 샤를마뉴 대제는 카롤링거 왕조의 왕이자 프랑크왕국의 두 번째 왕. 신성로마제국 최초의 황제. 로마제국 이후 분열되어 있던 서유럽 지역 대부분, 즉 스페인을 제외한 서유럽의 기독교 지역 대부분을 통일했다. 그가 통합한 제국은 약 한 세대 후에 소멸했지만, 이후 프랑스 및 독일 중세 왕국의 시초가 되었다. 이 때문에 샤를마뉴의 이름은 영어권, 프랑스어권, 독일어권에서 샤를 1세 또는 카를 1세 혹은 카롤루스(Carolus) 등 다양한 언어로 불리게 되었다.

문화와 예술을 재건하여 서유럽이 오늘날 누리는 찬란한 문화의 기초를 놓은 인물이기 때문이다.

샤를마뉴 대제의 상징성이 얼마나 큰지, 이후 나폴레옹을 비롯한 모든 프랑스 왕들이 쓰는 왕관에는 예외 없이 '샤를마뉴의 왕관'이라는 글씨를 새겨 넣을 정도였다. 카롤링거 왕조가 문화적 르네상스를 누릴 수 있었던 것은 모두 샤를마뉴 대제의 능력과 공로 덕분이었다. 이런 공로를 인정받아 서기 800년, 성탄절 날 로마의 성 베드로 대성당에서 당시의 교황 레오 3세는 그의 머리에 왕관을 씌워주면서 로마인의 황제, 즉 신성로마제국의 황제라는 칭호를 붙여주었다.

그러나 이처럼 찬란한 미래를 열어가던 샤를마뉴 대제가 신성로마제국의 초대 황제가 된 지 불과 14년이 지난 814년 1월, 중병을 앓기 시작하여 일주일 만에 운명하면서 카롤링거 왕조와 프랑크왕국에도 암운이 드리워졌다. 10명의 여인에게서 얻은 20명의 자식들 중 첫째인 경건왕 루이 1세(루트비히 1세)에게 공동 황제 칭호를 주면서 왕권을 물려줬지만 그는 프랑크왕국을 제대로 지키지 못했다. 결국 경건왕 루이 1세 이후

프랑크왕국은 세 명의 아들에 의해 843년, 동프랑크, 서프랑크 그리고 중프랑크로 쪼개지게 됐는데 이 분할을 결정한 조약을 '베르됭 조약(베르당 조약)'이라고 한다.

이렇게 쪼개진 프랑크 제국은 이후 870년 메르센 조약을

거치면서 결국 지금의 프랑스와 독일 그리고 이탈리아로 나누어졌다. 지도에서 보는 것처럼 서프랑크는 지금의 프랑스, 동프랑크는 독일 그리고 중프랑크는 지금의 이탈리아가 된 것이다. 프랑크왕국은 세 왕국으로 분열한 이후 점점 쇠퇴의 길로 들어섰으며 이는 북유럽에 살던 노르만족의 침입을 불러오게 됐고 정치, 경제, 사회 모든 분야에서 봉건화를 가져오는 결과를 만들었다.

이런 과정을 거쳐서 프랑스 역사가 진행되어왔고 우리가 부르는 지금의 프랑스(France)라는 이름을 갖게 되었다.

05

루브르 박물관이 원래는 군사적 요새였다고?

프랑스를 여행하는 관광객이라면 당연히 방문하는 곳이 있으니 바로 세계 3대 박물관 중에서도 첫손에 꼽히는 루브르 박물관(Le Musée du Louvre)이다. 세계에서 가장 비싼 그림인 〈모나리자〉부터 〈밀로의 비너스〉, 〈나폴레옹 대관식〉 등등 우리가 중고등학교 시절부터 무수히 많이 접했던 그림들과 조각품들이 대부분 소장되어 있다. 그리하여 40만 점 이상의 예술품이 전시되어 있는, 세계에서 가장 소장품이 많은 박물관이다.

40만 점 이상이라는 숫자가 쉽게 와닿지 않겠지만, 루브르 내부에 전시된 모든 작품들을 1분에 하나씩 본다고 가정하면 무려 4개월 넘게 봐야 하는 숫자이다. 이처럼 유명한 작품들이 많은 루브르 박물관이니 프랑스 여행에서 이곳을 빼고 구경을 한다는 것은 한마디로 앙꼬 없는 찐빵을 먹는 것과 같을 것이다.

많은 관광객들이 찾는 루브르 박물관에 사람들이 지나치기 쉬운 특

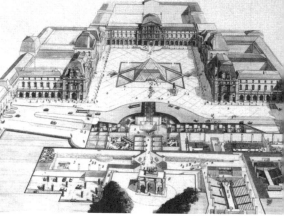

루브르 박물관 지하에 있는 성터 　　　루브르 조감도, 정면에 보이는 게 쉴리관이다

별한 장소가 하나 있으니, 바로 쉴리관 지하에 있는 루브르 성터이다.

쉴리관(Aile Sully)은 루브르 박물관을 이루고 있는 세 개의 건물 중에서 주로 루브르에 관련된 역사 자료들과 특히 중세 시대 루브르의 모습에 관한 자료들이 전시되어 있는 곳이다. 루브르 성채는 1988년에 발굴이 완전히 끝나서 쉴리관 입구를 통해 지하로 내려가면 중세 당시의 성곽 원형 그대로의 모습을 볼 수 있다.

〈모나리자〉처럼 명화들이 많은 루브르 박물관에 무슨 중세 시대 성터가 있느냐고 의아해하는 사람들도 많고, 여러 번 갔어도 성터는 못 봤다는 사람들도 있다. 성터가 〈모나리자〉 같은 명화만큼 유명하지 않으니 관광 코스에 들어가 있지 않다는 게 첫 번째 이유이고, 그 다음은 루브르 박물관이 워낙 방대하고 커서 리슐리외관, 쉴리관 그리고 드농관 등 3개의 건물로 이루어져 있다는 게 그다음 이유일 것이다. 루브르 박물관의 규모가 너무도 크기 때문에 시간에 쫓기는 단체 관광객들은 유명한 전시 작품 위주로만 관람하고 나오기 때문에 루브르 박물관의 지하에 중세 시대 루브르 성터가 있다는 사실을 모르는 것이다.

그러나 분명한 것은 루브르 박물관은 원래 박물관 용도로 세워진 건물이 아니고, 12세기에 파리를 방어하기 위한 철통 같은 요새로 만들어졌다는 사실이다. 1190년, 필리프 오귀스트(필리프 2세)에 의해 루브르성이 처음 지어졌을 때만 해도 그림이나 조각 작품을 감상하기 위한 용도가 전혀 아니었다는 것이다. 루브르 박물관이 지금의 박물관 면모를 갖추게 된 것은 그리 오래된 일이 아니다.

처음 루브르가 만들어졌던 이유는 외적들(특히 해적질에 능한 바이킹족이 배를 타고 바다로 들어와서는 그대로 센강을 따라 파리 심장부까지 들어왔다)을 막기 위한 군사적 용도로, 파리(그중에서도 시테섬)를 방어하기 위한 군사적 요새였다. 중세에 파리라고 하면 지금 시내 한복판에 있는 시테섬(La cité)을 가리켰다. 이곳을 외적으로부터 방어하기 위한 목적으로 성채를 지었던 것이 여러 시기를 거치면서 지금의 루브르 박물관의 모습을 갖추게 된 것이다.

중세 시대 파리의 핵심이었던 시테섬은 서울의 여의도가 옛날에는 섬이었던 것처럼 파리 한복판에 있는 자그마한 섬이었다. 센강에 두 개의 섬이 거의 나란히 붙어 있는데 조금 작은 섬이 '생루이섬'이고, 조금 더 큰 섬이 바로 '시테섬'이다. 파리의 역사는 바로 이곳에서 시작되었다. 카이사르의 『갈리아 전쟁기』에 기원전 1세기에 이곳 시테섬에 원주민인 '파리시족'이 살고 있었다는 기록이 있어 그 오랜 역사를 짐작케 한다. 지금은 수많은 다리들이 건설되어서 센강 양쪽으로 연결되어 있다. 파리에 있는 다리들 중 우리에게 가장 잘 알려진 '퐁네프 다리'는 바로 시테섬 서쪽 맨 끝에 있다.

시테섬은 파리의 역사가 시작된 곳인 만큼, 10세기 카페 왕조 때부터 왕궁이 자리 잡고 있었다. 그러나 14세기 말 샤를 5세 시절에 왕실이 루브르로 옮겨가면서 시테섬의 왕궁은 거물급 정치범들을 수용하는 감옥이 되었다. 그것이 파리 최초의 형무소 콩시에르주리이다. 이곳에 수감됐던 인물들 중 가장 유명한 사람은 아마도 프랑스 대혁명 때 서슬 퍼런 단두대

센강에 있는 두 개의 섬. 위의 작은 섬이 생루이섬, 아래 큰 섬이 시테섬이다.

의 칼날에 목이 잘린 루이 16세의 부인 마리 앙투아네트일 것이다. 낭트 칙령을 반포해서 종교적 자유를 신교도들에게 주면서 프랑스 국민들의 사랑을 받던 국왕 앙리 4세의 암살범들도 이곳에 갇혔다. 콩시에르주리는 현재는 파리 고등 법원으로 활용되고 있다.

파리를 방문한 적이 있는 사람들이라면 적어도 한 번은 시테섬을 방문했을 것이다. 그 이유는 파리에서 연중 관광객이 가장 많이 찾는 명소인 노트르담 대성당[9]이 바로 시테섬 안에 위치하고 있기 때문이다. 그러

9　노트르담(Notre-Dame) : 직역하면 '우리의 성모', 영어로는 Our Lady. 시테섬에 위

므로 노트르담 대성당을 방문한 적이 있는 사람이라면 자동적으로 시테섬 안에 발을 들여놓은 셈이다.

정리하면 루브르는 해적질을 일삼던 바이킹족들로부터 시테섬과 파리를 방어하기 위한 군사적 요새로 지어졌고, 14세기부터는 왕궁으로 사용되었다. 지금처럼 박물관이 된 것은 1793년, 루이 16세와 그의 부인 마리 앙투아네트 시절부터이다. 파리 생활에 싫증이 난 루이 16세가 파리 근교인 베르사유(Versaille)에 지어진 유럽 역사상 가장 화려한 베르사유 궁전으로 거처를 옮겼기 때문이다. 왕궁이 왕궁으로서의 역할을 제대로 하기 위해서는 반드시 지켜져야 하는 것이 있으니 그것은 국왕을 비롯한 왕실 가족들이 그곳에 기거해야 한다는 것이다. 국왕과 왕실 가족이 살지 않는 왕궁은 비록 그 모양이 아무리 화려하다 해도 더 이상

치한 이 성당은 프랑스 역사에서 항상 중요한 장소이다. 켈트족이 살던 고대에 사제들이 신에게 처녀를 제물로 바치던 곳이 이곳이었고, 카이사르가 갈리아를 정복한 이후에는 로마인들이 숭배하던 주피터 신전과 황제를 위한 신전이 있던 자리이기도 했다. 교회사를 보면 과거에는 대부분 종교적 순교자들이나 위대한 종교적 성인들을 위한 성당들이 지어졌는데 10세기 이후부터 유럽에서 성모 마리아에게 바치는 성당들이 들어서기 시작했다. 이 무렵 프랑스의 국왕 루이 7세도 파리 한가운데, 역사적으로 의미 있는 곳에 성모 마리아를 위한 대성당을 짓기로 결정했다.
루이 7세의 재산은 물론이고 헝가리를 비롯한 주변의 가톨릭 국가들의 헌금까지 받아서, 교황 알렉산더 3세의 축원을 받으며 1163년 시작된 대공사는 무려 200년 동안 진행됐다. 그렇게 지어진 노트르담 대성당은 프랑스는 물론이고 전 세계에서 가장 유명한 성당 중 하나가 되었다. 나폴레옹의 황제 대관식이나, 불명예스럽게 화형당했던 성녀 잔다르크의 시복식 그리고 프랑스의 국부인 샤를 드골 대통령의 장례미사 등 굵직한 프랑스 역사와 함께했고, 세계 제1위의 관광대국인 프랑스에서도 연중 관광객이 가장 많이 찾는 최고의 명소로 자리잡았다. 그러나 2019년 원인 불명의 화재로 지붕이 붕괴하고 첨탑이 무너지고 말았다. 현재 복원 공사가 진행되고 있다.

제3부 로마의 정복지에서 혁명의 나라가 되기까지

왕궁로서의 역할을 할
수 없다.

원래 루브르 궁전에
는 역대 프랑스 국왕들,
특히 프랑스에 문화와
예술을 장려하면서 르네
상스의 바람을 몰고 왔
던 프랑수아 1세를 비롯
해서 프랑스 역사상 가
장 막강한 힘을 지녔던
태양왕 루이 14세 등이
수집해놓은 엄청난 양의
예술품들이 소장되어 있
었다. 이런 엄청난 예술

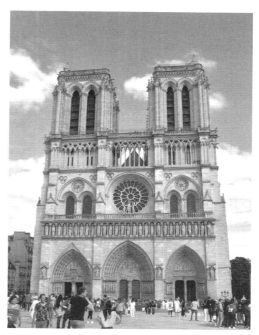

정면에서 바라본 화재 전의 노트르담 대성당

품들을 매일 보면서 즐겼을 국왕과 왕실 가족들이 루브르를 떠나 베르
사유 궁전으로 거처를 옮기면서, 루브르 궁전은 기존에 있던 많은 작품
들을 보존하는 박물관이 됐던 것이다.

특히 프랑스대혁명 후인 1793년, 국민의회가 이 예술품들을 일반인
들에게 공개하기로 결정함으로써 미술관으로 정식 발족할 수 있었다.
이후 프랑스의 권력을 틀어쥔 나폴레옹이 집권한 이후 이집트를 비롯한
원정길에서 약탈하여 돌아온 수많은 예술품을 소장함으로써 대규모 박
물관으로서의 위용을 갖추게 되었다. 처음에는 '중앙미술관'이라는 이름
으로 불렸고, 이어서 나폴레옹 자신의 이름을 붙여서 '나폴레옹 미술관'

으로 이름이 바뀌었다. 그리고 최종적으로 지금의 이름인 루브르 박물관이 되었던 것이다.

06

바이킹족이 파리 중심부까지 침략했다고?

    루브르 박물관은 세계 최고의 박물관이기 이전 원래는 외적의 침략을 막기 위한 군사적 요새였다. 그런데 필리프 오귀스트 국왕은 도대체 누구로부터 파리와 시테섬을 방어하기 위해서 군사적 요새 역할을 하는 성곽을 쌓았던 것일까? 바로 해적들이었다.

    파리는 프랑스 내륙에 위치해 있고 바다와 멀리 떨어져 있어서 해적과는 거리가 멀 것 같은데, 어떻게 해적들이 파리를 공격할 수 있었을까? 해적들은 배를 타고 이동하면서 바닷가 마을이나 도시들을 공격하는 게 일반적인데, 파리 한복판까지 해적들이 들어왔다는 것은 쉽게 이해가 안 갈 수도 있을 것이다. 그러나 11~12세기 당시 많은 해적들이 프랑스 해안지방은 물론이고 파리까지 들어와서 노략질을 많이 벌였던 것은 분명한 역사적 사실이다. 그 해적들이 바로 북유럽에서부터 잔혹한 악명을 떨쳤던 해적들의 대명사, 바이킹족이었다.

선수에 용머리
장식이 달린
바이킹족의 배,
드라카

바이킹은 8세기부터 12세기까지 스칸디나비아 반도를 비롯한 지금
의 노르웨이, 덴마크 등의 지역에 거주하면서 주로 바다를 통해 유럽과
러시아, 북아프리카 등지로 진출한 노르만족이다. '바이킹'의 어원은 확
실하지 않으나 고대 노르드어로 만(灣)을 뜻하는 단어 VIK와 관련이 있
다는 설이 유력하다.

바이킹의 잔혹함은 중세의 유럽인들을 공포에 떨게 했다. 중세 유럽
은 종교에 지배되고 있었기에 유럽 어느 나라를 가더라도 종교와 관련
된 성물과 성직자들이 숭배를 받았다. 전쟁이 일어나도 성물과 성직자
가 있는 교회는 건드리지 않았다. 그런데 그러한 불문율이 바이킹족들
에게는 통하지 않았다. 바이킹족에게는 성직자도 교회도 없었으므로 약
탈하는 지역에 교회가 있어도 닥치는 대로 성물들을 파괴하고 성직자들
까지 죽였기에 모두가 그들의 잔혹함에 떨었다.

바이킹은 배의 선수와 선미에 용머리 장식이 있는 배인 '드라카'를
타고 다니면서 기습작전을 주로 벌이며 해적질을 했다. 그 바이킹족이
프랑스 북부지방에 위치한 노르망디 지역을 통해서 내륙으로 들어왔다.

제3부 로마의 정복지에서 혁명의 나라가 되기까지

프랑스어 노르망디(Normandie)는 북쪽 사람 혹은 북유럽인, 즉 노르만 사람이라는 의미이다. 노르망디라는 이름은 9세기 이후, 노르웨이, 덴마크 지역 출신의 바이킹족이 이곳에 정착하면서 생긴 것이다. 노르망디 공국으로도 불렸다. 1944년 6월 6일 제2차 세계대전에서 연합군 승리의 결정적 계기가 된 노르망디 상륙작전이 벌어졌던 바로 그

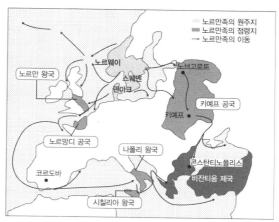

19세기 화가가 그린 9세기 말, 바이킹족의 파리 침략 상상도. 바이킹이 시테섬을 공격하고 있다.

곳이다. 이처럼 노르망디에는 연합군들뿐만 아니라 중세에는 해적들의 대명사인 바이킹족들도 상륙했었던 것이다. 즉 바이킹족들은 자신들이 만들었던 선박을 타고 노르웨이가 있는 북유럽에서 출발해서 도버해협을 건너 영국은 물론이고 파리 중심부까지 쉽게 도달했던 게 당시의 상

바이킹족이 파리 중심부까지 침략했다고?

황이었다.

바이킹족이 파리를 포위하고 공격할 때 동원됐던 바이킹족들의 수는 무려 4만 명에 육박했고 그들이 타고 온 배는 700척이 넘었다고 전해진다. 이처럼 엄청난 군사들을 동원한 바이킹족은 무려 7개월이 넘는 기간 동안 파리를 포위하고 공격을 퍼부었던 것이다.

07

프랑스 역사에서 가장 드라마틱했던 사건 한 가지만 꼽으라고 한다면 여러분들은 어떤 사건을 꼽을 것인가? 수많은 극적인 일들이 있었지만 필자는 일국의 국왕과 왕비가 시민들 앞에서 공개적으로 단두대에 목이 잘렸던 사건을 꼽을 것이다. 아무리 혁명이라지만 수천 년 동안 유럽 사회를 지배했던 신분제가 아직 그대로 존재하던 시대, 그것도 이탈리아에 이어 유럽에서 두 번째로 르네상스의 바람을 일으켰던 문화와 예술의 나라 프랑스 아니었던가.

이처럼 신분제가 살아 있고 문화와 예술을 사랑한다고 자타가 인정하던 나라에서 평범한 사람이나 극악무도한 범죄자가 아닌 사람들을 공개적으로 목을 치는 망신을 준다는 것은 쉽게 상상할 수 있는 일이 아니었던 것이다. 더구나 일반인도 아니고 불과 얼마 전까지만 하더라도 자신들이 숭배하던 일국의 국왕과 왕비를, 기요틴(guillotine)이라 불리는 단

탕플탑(Tour du Temple)에 갇혀 죽음을 기다리며 아들에게 유언장을 쓰는 루이 16세

두대로 공개처형하는 것은 너무나 잔혹한 처사가 아니었을까? 치사량의 수면제를 복용시키거나 그 외에 좀 더 편안한 죽음으로 국왕과 왕비를 예우할 수도 있지 않았을까? 이런 차원에서 필자는 이 사건을 프랑스 역사상 가장 극적이고 드라마틱한 사건으로 꼽는다.

기요틴이 무엇인가? 삼각형 모양의 서슬 퍼런 칼날이 4미터가 넘는 높이에서 수직낙하해서 사람의 머리를 단번에 자르는 형구이다. 얼마나 끔찍하고 무서운 처형 방법인가. 그러나 얼핏 보아 너무도 끔찍하고 잔인한 처형 도구인 단두대에는 뜻밖의 아이러니가 숨어 있다. 그것은 바로 단두대에 의한 처형이야말로 신분제로 인한 가장 불평등한 시대에 등장한 가장 이상적인 평등의 산물이라는 것이다.

단두대, 즉 기요틴은 본래 자유와 평등의 이상이 팽배하던 혁명의 낙관적인 분위기 속에서 만들어졌다. 무시무시한 기요틴의 탄생에 관한 이야기는 조제프 기요틴(Joseph Guillotin)과 함께 등장한다. 실력이 뛰어나고 인류애가 투철했던 51세의 의원이자 의사였던 기요틴은 1789년 10월 10일 혁명정부인 국민의회에 하나의 의견서를 제출했다. 동일한 범죄에 대해서는 동일하게 처벌해야 한다는 주장이었다. 지금까지는 신분제 사회였기 때문에 동일한 죄목으로 사형 판결을 받아도 신분과 계급에 따라 처형 방법이 달랐다. 처형 방법까지 신분에 따라 차별하는 건

인간 평등의 정신에 어긋난다는 것이 바로 의사 기요틴의 주장이었던 것이다.

그리하여 그는 새로운 처형 도구를 발명했다. 기존의 참수형이나 화형, 교수형, 수레바퀴 형, 능지형 등은 사

단두대에서 목이 잘리기 직전 최후의 연설을 하는 루이 16세

형수들에게 너무나 큰 고통을 주므로 그들의 고통을 덜어주고자 고민하기도 했다. 그렇게 해서 만들어진 처형 도구를 기요틴 박사의 이름을 따서 기요틴이라고 부르는 것이다.

기요틴은 순식간에 죄수의 목을 절단하는 장치이기 때문에 목이 잘리는 순간 당연히 엄청난 피가 솟아오른다. 이 장면을 본 당시 처형대 주위에 운집했던 군중이나 혹은 이 장면을 상상하는 현대인들의 입장에서는 더없이 잔인하게 보이겠지만 이 처형 도구를 만든 기요틴 박사의 의도는 지극히 평등사상에 입각한 것이었고 인도주의적이었다.

단칼에 사람의 목을 잘라서 피가 분수처럼 솟구치게 하는 방법이 어떻게 평등 정신에 합당하고 인도주의적이며 인권을 존중하는 것인지를 알려면 먼저 1789년 8월 26일에 채택된 '인권선언(Déclaration des Droits de l'Homme et du Citoyen)'을 살펴봐야 한다.

'인권선언' 제1조는 이렇게 시작한다. "인간은 태어나면서부터 자유

와 평등한 권리를 가진다." 제6조는 "모든 시민은 법 앞에 평등하며 그들의 품성이나 능력을 제외하고는 아무런 차별 없이 능력에 따라 직업을 택하고 공직을 맡고 지위를 얻을 수 있는 동등한 자격이 있다"라고 언급하고 있다.

18세기 말 프랑스대혁명이 일어나기 전, 국가의 중요사항을 결정할 때는 궁궐 안에서 귀족들을 중심으로 먼저 논의되고 마지막에 국왕이 허가하면 시행되는 방식이었는데 인권선언 이후에는 국가 정책의 결정은 반드시 국회의 논의를 거쳐야만 됐다. 이런 엄청난 변화는 비단 국가 정책에만 한정된 것이 아니어서 사형수들을 처형시키는 방법에도 변화를 초래했다. 즉 프랑스대혁명 이전에는 같은 죄목으로 사형 판결을 받았다고 해도 계급과 신분에 따라 차별적인 사형 방법이 쓰였다. 예를 들면 동일한 죄목이어도 귀족에게는 칼로 목을 자르는 참수형, 일반인에게는 굵은 줄로 목을 매다는 교수형으로 사형을 집행하는 등 차별이 있었다는 것이다. 이것은 법률에서 보장하는 인간 평등의 원칙에 위배되는 차별적인 행동이었지만 당시 프랑스를 비롯한 유럽의 신분제 사회에서는 지극히 당연하고 일반적인 현상이었다.

그러므로 기요틴은 얼핏 보기에는 매우 잔인한 방법처럼 보일지 모르지만 실상은 법으로 인간의 평등이 선언된 이상 신분이나 계급의 차이를 불문하고 처형 방법은 동일해야 한다는, 지극히 평등적이고도 궁휼적인 생각에서 나온 것이다. 즉 모든 사람에게는 동일한 사형 방법이 필요하고 과거의 야만스럽고 잔인한 방법은 인도적 방법으로 바뀌어야 한다는 것이었다. 단두대를 만든 기요틴 박사의 생각에는 비록 죽을 죄를 지은 사형수라도 고통을 최소화해서 죽이는 것이 곧 평등하고 인도적인 방법이었던 것이다.

　과거처럼 사형 집행인이 칼로 죄수의 목을 베는 방법에는 변수가 많았다. 사실 과거에는 '참수'가 인간의 고통을 가장 최소화하고 단번에 처형을 끝내는 가장 인도적인 방법이라고 생각했다. 그렇기 때문에 아무 죄수에게나 참수를 허용하지 않았다. 신분제 사회에서는 귀족 이상의 높은 지위를 가진 사람들에게만 참수가 허용되었다. 또한 프랑스에서는 교수형을 당한 죄수의 가족들은 세상 사람들의 멸시를 당해야 했지만, 참수형으로 처형당한 죄수의 가족들은 세상의 멸시를 받지 않았다. 그러니 모든 죄수들이 참수형으로 결정되기를 바랐지만 그런 특혜는 특권층만 누릴 수 있었다. 그러나 이 처형 방법에도 중요한 변수가 있었으니 바로 사형 집행인의 컨디션에 따라 혹은 죄수가 몸을 얼마나 움직이느냐에 따라 단칼에 목을 베지 못하는 경우가 있었던 것이다. 이런 경우 죄수의 고통은 극에 달하게 되는데 비인도적이고 야만스러운 것이었다. 게다가 또 다른 변수가 있었으니, 바로 처형대 근처에서 구경하는 사람들이었다. 이들은 처음에는 죄수를 욕하고 손가락질하지만 사형 집행인이 단번에 죄수의 목을 자르지 못해서 죄수가 끔찍한 고통에 몸부림치면 죄수에게 향했던 분노와 비난이 사형 집행인에게 가게 되고 결국은 사형을 언도한 당국에게까지 뻗치기 때문에 무엇보다 사형 집행인의 처형 기술이 중요했다. 왜냐하면 일반적으로 처형대 근처에는 죄수를 미워하는 사람들도 있고, 죄수를 동정하는 사람들도 있었기 때문이었다.

　실제로 사형 집행인의 미숙한 처형으로 인해 리옹(Lyon) 지방에서는 반란이 발생하기도 했다. 1793년 7월 17일, 리옹에서 파리 중앙정부에 반란을 일으켰던 혁명 지도자 조제프 샤리에(Joseph Chalier)의 처형이 있었

대중에게 공개되는 루이 16세의 잘린 머리.

다. 사형 집행인인 리펠이 단칼에 목을 베지 못해서 세 차례나 칼을 휘둘렀고 채 목이 완전히 잘리지 않은 샤리에는 인간이 낼 수 있는 가장 처참한 비명을 지르며 괴로워했다. 이걸 지켜보던 군중들 중 샤리에를 따르던 사람들이 흥분하기 시작했고 결국 이날 군중들의 흥분은 폭력적인 소요사태로 번지고 말았다.

그리하여 당국에서는 이처럼 사형 집행인이나 죄수의 상태에 따라 생길 수 있는 변수를 없앨 필요가 있다는 생각을 하게 되었다. 변수를 없애기 위해서는 사람이 아닌 기계에 의한 사형 집행이 필요했다.

이와 같은 인간의 평등과 죄수의 인권을 생각한 필요성과 논리에 의해서 등장한 것이 바로 단두대, 즉 기요틴이었던 것이다. 기요틴을 이용해서 죄수의 목을 단번에 깨끗하게 자른 다음부터는 죄수의 잘린 머리를 군중들 앞에 높이 들어 보여주는 새로운 관례가 생겨나기도 했다. 그러므로 기요틴이야말로 보기와는 달리 대혁명의 산물인 '인권선언', 특히 제1조와 제6조의 핵심인 "모든 인간은 법 앞에 평등하다"는 기본 정신에 가장 잘 부합하는 처형 장치라고 할 수 있는 것이다.

08

잔다르크와 마리안이 프랑스를 상징하는 여성들?

이 그림 속 여주인공은 누구일까? 화가는 도대체 누구를 모델로 그림을 그린 걸까? 이 그림을 한 번이라도 본 사람이라면 누구나 그런 궁금증을 가졌을 것이다. 그렇다면 무수히 많은 시신들을 밟고 서서 사람들을 독려하

〈민중을 이끄는 자유〉, 들라크루아, 1830.
1789년 프랑스대혁명을 상징하는 그림으로 알려졌지만
사실은 1830년 7월 혁명을 기념하는 작품이다.

는 저 여인은 정말 누구일까?

프랑스에서 우리에게 가장 잘 알려진 여성이라면 대부분 영국과의

잔다르크와 마리안이 프랑스를 상징하는 여성들?

213

백년전쟁[10]에서 프랑스를 구한 잔다르크를 생각할 텐데 아무리 봐도 저 여인이 잔다르크인 것 같지는 않고….

프랑스의 유명 화가인 들라크루아(Eugène Delacroix, 1798~1863)[11]를 모르는 사람은 있어도 그의 역작인 〈민중을 이끄는 자유〉[12]를 모르는 사람은 아마도 없을 것이다. 인간의 원초적인 자유에 대한 강렬한 열망을 상징하는 이 그림이야말로 대부분의 사람들이 친숙한 느낌을 받는 작품

10 백년전쟁(Hundred Years' War, 1337~1453) : 유럽의 고대를 마무리하는 전쟁이 로마와 카르타고 간의 '포에니 전쟁'이라면, 유럽의 중세를 시작하는 큰 전쟁 중 하나가 바로 프랑스와 영국이 100여 년에 걸쳐 벌였던 백년전쟁이었다. 1328년 프랑스의 샤를 4세가 죽자 영국의 에드워드 3세가 자신이 프랑스 왕위의 후계자라고 주장하면서 전쟁이 시작되었다. 프랑스 샤를 7세의 군대가 파리 북쪽 오를레앙에서 영국군에 포위당하며 전쟁에서 패배할 위험에 몰렸을 때 잔 다르크가 등장하면서 프랑스를 위기에서 구했다. 이 전쟁의 표면적인 원인은 프랑스 왕위계승이었지만, 실제적인 이유는 바로 프랑스의 영토 획득에 관한 것이었다.

11 외젠 들라크루아(Eugène Delacroix) : 〈민중을 이끄는 자유의 여신〉, 〈키오스섬의 학살〉 등의 대표작으로 유명한 19세기 프랑스의 화가로, 과거와 당대의 정치적 사건이나 단테의 『신곡』 같은 유명한 문학에서 영감을 얻은 작품을 남겼다. 반 고흐, 폴 고갱, 오귀스트 르누아르, 클로드 모네, 폴 세잔, 앙리 마티스, 파블로 피카소 등 당대 최고의 화가들이 들라크루아에게 큰 영향을 받았다고 할 정도로 인상파와 후기 인상파 화가들에게 직접적인 영향을 주었다.

12 〈민중을 이끄는 자유〉 : 이 그림의 제목은 미술사나 서양사 서적에 보통 두 가지로 적혀 있다. 하나는 〈민중을 이끄는 자유의 여신〉이고 다른 하나는 〈민중을 이끄는 자유〉이다. 화가 들라크루아가 직접 붙인 프랑스어 제목은 〈La liberté guidant le peuple〉이다. 프랑스어의 La liberté는 영어로 Liberty로서 바로 그 '자유'이다. '자유'라는 단어에 '여신'이라는 뜻까지 들어 있다고 보는 것은 의미의 과도한 확장일 수 있다. 물론 상징적인 차원에서는 가능하지만 단어의 의미상으로는 자유라고 하는 게 맞을 것이다. 그런 의미에서 이 그림의 주인공은 여신의 모습을 하고 있지만 그럼에도 불구하고 〈민중을 이끄는 자유의 여신〉보다는 〈민중을 이끄는 자유〉가 좀 더 정확하고 직접적인 의미가 될 것이다.

Liberté · Égalité · Fraternité ···
921660

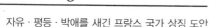

자유·평등·박애를 새긴 프랑스 국가 상징 도안　　　유로화 이전 프랑스 100프랑 지폐

일 것이다. 그렇다면 이 그림이 그토록 많은 사람들에게 친숙하게 느껴지는 이유는 무엇인가. 아마도 그 이유는 우리가 어린 시절 사용했던 중고등학교 역사 교과서나 미술 교과서의 한 페이지를 장식했던 그림이기 때문일 것이다.

　프랑스에서도 이 그림이 우표와 지폐의 도안으로도 많이 사용된다. 게다가 프랑스 정부의 공식 로고인 자유, 평등, 박애를 상징하는 삼색 도안에 있는 여인이 바로 이 그림의 주인공으로, 〈민중을 이끄는 자유〉만큼 유명해서 여기저기 많이 응용된다. 파랑, 하양 그리고 빨강으로 구성된 위의 도안은 프랑스 국기와 같은 세 가지 색깔로 만들어졌는데, 그 도안에 있는 여인이 바로 들라크루아의 그림 속 여인을 모델로 만든 것이다.

　〈민중을 이끄는 자유〉를 보면 웃옷을 벗은 젊고 아름다운 여인이 프랑스를 상징하는 '트리콜로(삼색기)'를 높이 치켜들고 뒤를 따르는 사람들을 진두지휘하고 있다. 사실 이 그림의 첫인상은 가슴을 다 드러낸 아름다운 여인과 양손에 권총을 든 어린 소년으로 인해 매우 강렬하다. 그러므로 이 그림을 좀 더 잘 이해하기 위해서는 이들 강렬한 이미지를 주는 사람들을 중심으로 살펴보아야 할 것이다. 이 그림에 나오는 핵심적인 인물들의 공통점은 바로 전쟁 혹은 혁명과는 직접적으로 어울리지 않는 사람들이라는 것이다.

상반신을 드러내고 전투의 최전방에서 선 여인이나, 기껏 7~8세 정도밖에 안 되어 보이는 소년 그리고 이런 혁명의 와중에 마치 귀족처럼 챙이 높은 모자와 복장을 한 사람 역시 일반적으로 혁명이나 전쟁 상황과 안 어울리기는 매한가지다. 그렇다면 도대체 이 사람들은 누구이고 들라크루아는 왜 이처럼 상황에 어울리지 않는 이상한 모습의 인물들을 그림의 한복판에 그려 넣은 것인가?

먼저 그림의 주인공이라고 할 수 있는 자유의 여신은 누구일까? 그녀는 프랑스의 여러 가지 상징물 중 하나로서, 조국의 어머니인 '마리안(Marianne)'의 원형이다. 마리안의 얼굴은 19세기와 20세기 프랑스 동전에 자주 옆모습으로 들어갔고 현재 프랑스 정부의 공식 로고에도 들어가 있다. 마리안의 흉상을 주요 공공기관 건물에 장식하기도 하는데, 이때 그 시대에 가장 유명한 여배우나 가수들이 모델이 된다. 프랑스를 상징하는 여인이라는 상징성을 두고 실존인물인 잔다르크와 비교되기도 한다.

관공서 입구에 마리안 흉상이 서 있다.

제3부 로마의 정복지에서 혁명의 나라가 되기까지

마리안과 잔다르크는 둘 다 프랑스를 대표하는 여성이라는 점에서는 공통되지만 정치적인 입장은 서로 상반된다. 마리안은 프랑스대혁명과 공화국, 저항정신을 상징하고, 잔다르크는 교회와 왕국을 상징한다. 그러므로 지금의 정치적인 시선으로 본다면 마리안은 진보좌파에 가깝고, 잔다르크는 보수우파에 가까운 것이다.

프랑스는 물론이고 동서양의 역사에서 대대로 여성들은 소극적이고 수동적인 이미지였다. 그러나 프랑스대혁명 무렵의 여성들은 수동적인 존재가 절대로 아니었다. 1789년 혁명 전야, 프랑스는 흉작과 기근, 재정 부족 등이 겹치면서 생필품의 가격이 폭등하는 대혼란의 시대를 보내고 있었다.

가난한 백성들은 아이들에게 먹일 바게트 한 조각을 구하기 힘든데 루이 16세와 마리 앙투아네트가 기거하는 베르사유 궁전에서는 연일 흥청망청 파티가 열리고 있었다. 결국 1789년 10월 5일 새벽, 생사의 기로에 선 백성들 중에서도 약 7천여 명의 여인들이 중심이 되어 쏟아지는 폭우를 뚫고 무려 6시간을 걸어 베르사유 궁전으로 향한다. 그녀들은 한 가지 구호를 외쳤는데 바로 "빵을 달라"는 것이었다. 분노한 여성들의 행진에 위기감을 느낀 루이 16세 일행은 거주지를 베르사유 궁전에서 파리 시내에 있는 튈르리 궁전으로 옮겼는데 이것은 사실상의 가택연금이나 마찬가지였다.

마리안은 이와 같이 혁명에 능동적으로 나선 프랑스 여성들을 대표한다. 그렇다면 압제에 저항하는 민중들의 표상이자 자유, 평등, 박애를 상징하는 여성상에 마리안(Marianne)이라는 이름이 붙은 이유는 무엇일까? 마리(Marie)는 성모 마리아에서 따왔고, 안(Anne)은 마리아의 어머

프랑스의 상징인 수탉과
혁명의 상징인 프리지아 모자
그리고 삼색기

프리지아 모자를 쓴 마리안

니인 성 안나에서 따온 이름이다. 프랑스에서 흔한 남성 이름인 자크
(Jacque)와 함께 프랑스 하층계급에서 많이 사용되는 서민적인 여성 이름
의 대표였다고 알려져 있다.

프랑스에서는 마리안을 기리기 위해 10년에 한 번씩 전국의 시장들
이 모여 직접투표로 미스 마리안을 선발하고 있다. 그동안 프랑스의 위
상을 높이거나 명성을 떨친 여성들이 주로 선발됐는데, 예를 들면 배우
소피 마르소, 카트린 드뇌브 등이다. 프랑스대혁명 후 프랑스의 모든 관
공서에는 예외 없이 조국의 어머니인 마리안의 흉상을 만들어 전시하게
하고 있는데, 선발된 미스 마리안이 그 흉상의 모델이 된다.

현재 프랑스에서 마리안은 여성의 모습을 한 자유와 이성의 알레고
리로서 프리지아 모자,[13] 수탉과 함께 프랑스대혁명의 3대 상징물 중 하

13 프리지아 모자(Phrygien bonnet) : 동양에서 유래된 것으로 알려진 이 모자는 프랑

제3부 로마의 정복지에서 혁명의 나라가 되기까지

나로서 그림의 제목처럼 자유의 여신으로 인정받고 있다.

마리안은 1789년 프랑스대혁명 이후부터 프랑스 국가와 저항을 상징하는 대표적인 여성상이 되었다. 20세기 들어 히틀러의 나치가 프랑스를 점령했을 때는 마리안의 사용을 못 하게 했다. 1940~1944년, 프랑스는 나치에 협조하는 친독과 저항하는 반독으로 나뉘게 된다.

프랑스 중부지방인 비시(Vichy)에 친독 괴뢰정부가 들어서면서 비시정부와 레지스탕스 저항정부로 나뉘어졌을 때, 특히 친독 비시정부에서 마리안의 사용을 철저히 금지시켰다. 그 이유는 물론 마리안이 저항의 상징이었기 때문이었다. 이처럼 정치적인 우여곡절을 겪고 나중에 비시정부가 몰락한 후 공화정이 다시 부활하면서 다시 마리안이 사용될 수 있었다.

들라크루아의 〈민중을 이끄는 자유〉에서 여인은 자유를 상징하는 모든 것을 가지고 있다. 머리에는 자유를 상징하는 붉은 프리지아 모자를 쓰고, 오른손에는 혁명의 상징이었던 프랑스 국기를 들고 있으며 왼손에는 역시 저항을 상징하는 장총을 가지고 있다. 즉 이 여인은 가난한 민중을 대표해서 기득권 세력에 저항하는 인물을 대변하고 있는 것이다.

스에서 프랑스대혁명의 기운이 한창 진행 중이던 1791년, 급진주의 혁명파들이 주로 착용했다. 이때부터 프랑스에서 프리지아 모자는 저항과 자유를 상징하게 됐고, 들라크루아의 그림 여주인공도 프리지아 모자를 쓰고 있는 모습으로 그려졌다.

09

나폴레옹이 탄 것은 멋진 백마가 아니고 늙은 노새였다고?

　나폴레옹의 명언, "내 사전에 불가능이란 없다"라는 말을 모르는 사람은 많지 않을 것이다. 그런데 나폴레옹은 왜 갑자기 저런 말을 남겼을까? 오늘날까지도 전해지는 이 명언은 그에게 도대체 무슨 일이 있었기에 나오게 된 것일까?

　나폴레옹을 그린 그림들은 아주 많은데, 모든 그림들이 다 명화들이다. 그중에서도 가장 유명한 그림을 딱 한 가지만 고르라고 한다면 아마도 많은 사람들이 〈알프스를 넘는 나폴레옹〉이라고 알려진 다비드[14]의

---

14 자크 루이 다비드(Jacques-Louis David, 1748~1825) : 프랑스 고전주의 회화의 대표자. 〈생 베르나르 고개를 넘는 보나파르트〉 외에도 유명한 그림인 〈마라의 죽음〉, 〈나폴레옹의 대관식〉 등 정치적인 그림들을 많이 그렸던 화가였다. 화가로서는 물론이고 정치가로서도 프랑스 정계에서 나폴레옹의 후광에 힘입어 막강한 영향력을 행사했다. 1789년 프랑스대혁명 때는 극렬좌파 정치인들이 주류를 형성했던 자코

〈생 베르나르 고개를 넘는 보나파르트(Bonaparte frânchissant le Grand-Saint-Bernard)〉를 선택할 것이다.

언제 봐도 작은 영웅 나폴레옹에게 너무나 잘 어울리는 그림이다. 흰 갈기를 휘날리며 눈 덮인 산길을 박차고 나가려는 백마의 모습도, 붉은 망토를 휘날리며 산 정상을 향해 군사들을 독려하는 나폴레옹의 모습도 모두 다 영웅적인

자크 루이 다비드, 〈생 베르나르 고개를 넘는 보나파르트〉, 1801, 프랑스 말메종

이미지에 정말 잘 어울리는 그림이 아닐 수 없다.

그런데 우리가 어릴 때부터 수없이 보았던 바로 이 그림이 사실은 과대포장된 그림일 수 있다는 상상을 해본 적이 있는가? 단 한 번의 의심

뱅파의 일원이 되어 활동했으며 주로 정치의식이 명확한 그림을 많이 그렸다. 〈나폴레옹의 대관식〉으로 대혁명 후 프랑스의 실질적인 최고 지도자였던 나폴레옹의 총애를 받게 된다. 최고 권력자의 후원을 등에 업은 다비드는 당시 프랑스 미술계에 많은 영향을 끼치게 되었고, 그 영향 아래에서 프랑스에는 일명 고전파 화가들이 대거 등장했다. 다비드는 막강한 영향력과 정치력을 겸비한 화가로서 최고의 전성기를 구가하며 당대 최고 화가로 군림한다.

그러나 영원할 것 같던 나폴레옹의 정치력이 생명을 다하게 되자 다비드의 인생에도 큰 변화가 불가피했고 결국 다비드는 1816년 이후 벨기에 브뤼셀로 정치적 망명을 하고, 1825년 그곳에서 삶을 마감한다.

나폴레옹이 탄 것은 멋진 백마가 아니고 늙은 노새였다고?

도 없이 저 멋진 그림을 보면서 나폴레옹 같은 영웅을 꿈꾸거나 동경하면서 어린 시절을 보내지 않았는가? 그러나 저 멋진 그림에는 몇 가지 의도된 실수가 들어가 있다. 물론 이것은 그림을 그렸던 자크 루이 다비드가 기획한 것이었다. 이유는 오로지 프랑스가 배출한 영웅 나폴레옹에게 더욱 영웅적인 이미지를 입히고 최대한 멋지게 미화시키기 위해서였다. 우리가 나폴레옹을 아주 멋진 영웅으로만 기억하고 있다면 그건 백 프로 나폴레옹의 그림을 주로 그렸던 자크 루이 다비드의 덕분일 것이다.

그렇다면 이 그림에서 우리가 잘못 알고 있는 것은 무엇인가? 첫 번째로, 그림의 제목을 많은 사람들이 흔히 〈알프스를 넘는 나폴레옹〉이라고 부른다. 비록 나폴레옹이 눈 덮인 알프스를 넘은 건 사실이지만, 그림의 실제 제목은 〈생 베르나르 고개를 넘는 보나파르트〉이다.

눈 덮인 알프스 산맥을 중무장한 군사들을 데리고 넘기란 거의 불가능한 일이어서, 그것을 성공시킨 사람은 나폴레옹 이전까지는 카르타고의 명장이자 제2차 포에니 전쟁[15]의 영웅으로 로마를 멸망 일보 직전까

---

15 제2차 포에니 전쟁 : 포에니 전쟁은 기원전 264년부터 무려 100년이 넘는 기간 동안 총 세 차례에 걸쳐 로마와 북아프리카의 강자였던 카르타고(현 튀니지)가 벌였던 전쟁으로, 특히 2차 포에니 전쟁이 유명하다. 그 이유는 1차 전쟁에서 패한 카르타고가 고대 최고의 장군인 한니발을 전면에 내세워 로마를 공격했고, 무려 15년 동안이나 로마를 패망의 위기로 몰고 갔기 때문이었다. 한니발은 지금까지도 로마 역사상 최강의 적이었다고 기억되는 인물이다.
포에니 전쟁은 지중해의 패권을 놓고 벌였던 전쟁이자 인류 역사상 처음으로 대륙 국가와 해양국가가 국력을 총동원해서 정면으로 충돌했던 전쟁이었다. 한니발의 위대함은 역사상 그 누구도 성공하지 못했던 것을 이루었다는 점에 있는데, 바로 그가 로마를 공격하기 위해 눈 덮인 알프스 산맥을 넘은 것이 대표적 사건이다. 한

지 몰고 갔던 한니발 장군이 유일했다. 나폴레옹은 한니발의 뒤를 이어 눈 덮인 알프스를 넘는 데 거의 불가능에 가까운 일을 31세 나이에 성공시킨다. 알프스를 앞두고 불가능하다고 주저하던 프랑스 군사들을 독려하며 나폴레옹은 그 유명한 "내 사전에 불가능이란 없다."라는 말을 외쳤다.

이때 사실 나폴레옹은 한 마디를 더 했다. 원래 그가 한 말은 "불가능이란 바보들의 사전에나 나오는 말이다. 내 사전에 불가능이란 없다."였다. 나폴레옹은 그렇게 외치면서 두려움에 떨고 있던 군사들을 이끌고, 코끼리 부대를 이끌고 알프스를 넘은 한니발처럼 산맥을 넘었던 것이다.

다비드가 알프를 넘기 직전 군사들을 독려하는 나폴레옹의 모습을

니발은 로마를 공격하기 위해 보병 10만 명과 기병 1만 2,000명, 그리고 전투 코끼리 40마리로 이루어진 부대를 이끌고 알프스를 넘었다. 비록 9월이었지만, 이미 알프스 산은 눈보라가 치는 한겨울이었다. 이런 시기에 중무장한 군사들과 추위에 약한 열대동물 코끼리가 알프스 산맥을 넘는다는 것은 거의 불가능한 일이었다. 이처럼 무모해 보이는 작전에 한니발의 부하 장수들은 대부분 반대하고 반발했다. 그러나 한니발은 "길을 찾을 수 없다면 만들면 된다"는 명언을 남기고 기어코 눈보라 치는 알프스 산맥을 넘었다. 6개월이 걸려 이탈리아에 도착했을 때는 군사가 약 2만으로 줄어들었다. 카르타고를 출발할 당시는 10만 명이 넘는 대부대였는데 4분의 1도 안 되는 병력이 추위에 지치고 허기로 탈진한 채로 북부 이탈리아 평원에 도착했던 것이다.

그러나 이와 같은 최악의 상황에서도 결국 이탈리아를 15년 가까이 유린했던 한니발의 도전과 행군 그리고 승리는 인류의 전쟁사 가운데서도 가장 뛰어난 업적 가운데 하나로 기록되었다. 그리고 한니발처럼 군사들을 독려해서 눈 덮인 알프스 산을 넘었던 나폴레옹이 가장 존경하고 숭배했던 인물이 바로 한니발이었다는 것은 역사의 아이러니이기도 하다.

눈 쌓인 알프스
산맥을 넘는
한니발과 코끼리 부대

멋지게 미화하여 그림으로 남긴 것이라면, 현실에서 나폴레옹은 어떤 모습으로 눈 덮인 알프스를 넘어갔을까? 다비드의 그림처럼 그는 백마를 탄 영웅적인 모습이었까? 아쉽게도 나폴레옹은 그런 영웅적인 모습으로는 산을 넘지 못했다. 넘고 싶어도 절대로 저런 멋진 모습으로는 산을 넘을 수 없었을 것이다.

눈길에서 자칫 위험에 처할 수 있으므로 나폴레옹은 매우 조심스럽게, 노련한 산지기에게 의지해서 산을 넘은 것으로 전해진다. 게다가 그림처럼 저렇게 멋진 백마가 아니라 험한 산을 오르는 데 특화된 작은 노새를 타고 넘었다. 또한 병사들에게 "나를 따르라!" 하고 외치며 선두에서 지휘한 게 아니고, 오히려 군사들이 먼저 알프스를 다 넘고 나서 4일이 지나서야 어렵게 산을 넘었다고 알려져 있다. 그런 나폴레옹의 모습을 비교적 정확하고 사실적으로 그린 그림이 있다. 폴 들라로슈라는 화가가 그린 〈노새를 타고 알프스를 넘는 나폴레옹〉이라는 그림이다.

폴 들라로슈의 그림이야말로 당시 눈 덮인 알프스를 넘던 나폴레옹의 실제 모습과 거의 일치한다고 역사학자들은 인정한다. 나폴레옹을 영웅처럼 보이게 하는 요소가 거의 없이 지극히 사실적으로 그린 그림이어서 오히려 당혹스러울 정도다. 물론 프랑스 사람들은 들라로슈의 사실적인 그림보다는 다비드가 그린 〈생 베르나르 고개를 넘는 보나파르트〉 그림을 훨씬 더 좋아하

폴 들라로슈, 〈노새를 타고 알프스를 넘는 나폴레옹〉, 1850, 런던 세인트 제임스 궁전

고 믿고 싶어 한다. 그래서 프랑스가 자랑하는 루브르 박물관에 다비드의 그림은 전시되어 있어도 폴 들라로슈의 그림은 없는 것인지도 모르겠다.

여기서 한 가지 궁금한 것은, 나폴레옹이 저토록 무모해 보이는 일을 감행한 이유이다. 나폴레옹은 눈 덮인 알프스 산맥을 넘어 어디에 가서 무슨 일을 하려던 것이었을까? 나폴레옹이 가려던 곳은 이탈리아 땅인 마렝고 평원이었다. 마렝고 치킨 혹은 치킨 마렝고가 나온 바로 그곳이다. 마렝고 평원으로 가서 이탈리아를 점령하고 위세를 떨치면서 프랑스까지 위협하고 있던 오스트리아와 한판 승부를 하기 위해 나폴레옹은 위험천만한 알프스를 올랐던 것이다.

나폴레옹이 탄 것은 멋진 백마가 아니고 늙은 노새였다고?

10

밀레가 〈만종〉으로 혁명을 꿈꾸었다고?

　　많은 관광객들이 반드시 찾는 루브르 박물관에서 가장 유명한 그림이 〈모나리자〉라면, 오르세 미술관을 대표하는 그림 중 하나가 바로 밀레의 〈만종〉일 것이다. 전 세계에서 가장 유명한 그림 중 하나인 〈만종〉은 밀레의 나이 43세이던 1857년부터 1859년까지 2년간 그린 작품이다. 밀레는 '농부들의 화가'라는 별명을 얻을 만큼 프랑스 시골의 가난한 농부들과 목동들의 모습을 주로 그렸던 화가였다. 농촌 출신인 밀레는 "나는 일생을 통해 전원밖에 보지 못했으므로 나는 내가 본 것을 솔직하게, 그리고 되도록 능숙하게 표현하려 할 뿐이다"라고 말하며 일평생 농촌과 농부들의 진솔한 모습을 화폭에 담기 위해 애썼다.

　　밀레가 당시 그렸던 프랑스 농촌의 삶을 배경으로 한 많은 그림들은 그의 의도와는 전혀 상관없이 사회주의자들로부터는 많은 지지와 찬사를 받았고 반대로 기득권 보수주의자들에게는 격렬한 비판을 받으며 정치적으로 어려움에 몰리기도 했다. 밀레가 받았던 정치적인 비판은 한마디로 그가 농촌의 풍경을 그린 그림으로 정치를 한다는 것이었다. 19세기 중반 프랑스의 보수 기득권자들은 밀레가 그린 〈만종〉 외에도 〈씨 뿌리는 사람〉, 〈이삭 줍는 사람들〉 같은 그림들도 마찬가지로 정치적인 선동을 하는 그림이라고 의심하고 비판했다.

19세기 중반, 프랑스 정치의 혼란 속에서 정치적인 야심이 없었던 밀레는 35세인 1849년 파리를 떠나 근교인 퐁텐블로 숲속의 아름답고 작은 마을인 바르비종(Barbizon)에 정착해 살았다. 밀레를 중심으로 바르비종에 살면서 그림을 그렸던 화가들을 미술사에서는 '바르비종파(Barbizon School)'[16]라고도 불렀다. 밀레의 〈만종〉은 1867년 파리 만국박람회에 처음 전시되자마자 엄청난 반향을 불러 일으켰다.

그는 정말 자신의 대표 그림들인 〈만종〉, 〈씨 뿌리는 사람〉, 〈씨앗 줍는 사람들〉 등을 이용해서 새로운 혁명을 꿈꾸었는가? 밀레가 아름다운 농촌 풍경과 농부들의 모습을 경건하고 숙연하게 그린 그림 속에는 정말 기득권 보수정부를 뒤집길 바라는 강력한 정치적인 메시지가 들어 있는가? 혹시라도 독자들은 밀레의 그림에서 뭔가 강력한 정치적인 메

---

16 바르비종파(Barbizon school) : 파리 근교의 퐁텐블로 숲 근처에 있는 작고 평화로운 농촌인 바르비종에서 유래하였다. 일각에서는 '1830년파' 혹은 '퐁텐블로파'라고도 불렀으며 주요 화가로는 '바르비종의 일곱 별'이라는 애칭으로 불렸던 밀레, 테오도르 루소, 코로, 뒤프레, 나르시스 디아즈, 트루아용 그리고 도비니가 있었다. 이들 일곱 명 외에도 사실주의 화풍의 대가였던 쿠르베와 유에 등도 자주 함께하곤 했다. 바르비종파 화가들의 그림은 자연에 대한 경외감을 표현한 것이 특징이었다. 주로 자연에 대한 낭만적인 감정과 서정적이고도 전원적인 정취를 차분한 그림으로 그렸다.

밀레, 〈만종(L'Angélus)〉 1857~1859, 55×66, 파리 오르세 미술관

시지를 느낄 수 있는가?

〈만종〉을 비롯해서 밀레에 대한 기득권의 정치적인 의심이 점점 커져가자 밀레는 정치적 신념이나 이념적 배경이 있는 그림이 아니라 단지 어린 시절 농촌 생활에 대한 추억을 화폭에 옮겼을 뿐이라고 직접 고백하기도 했다.

밀레의 〈만종〉은 누구라도 좋아할 만한 그림이고 지금은 전 세계 사람들의 사랑을 받고 있지만, 그가 이 그림을 처음 그렸을 당시에는 프랑스의 모든 사람들이 이 그림을 좋아했던 것은 아니었다. 〈만종〉은 가난한 농부 부부가 하루의 일과를 마치고 신에게 감사의 기도를 드리는 장면으로 보이기 때문에 누구라도 숙연해지고 엄숙하게 만들지만 당시 프랑스에서 누군가는 이 그림을 경계하고 의심하면서 싫어했던 것이다.

제3부 로마의 정복지에서 혁명의 나라가 되기까지

그런데 아무리 살펴봐도 〈만종〉은 우리가 연상하는 혁명이나 정치 혹은 전쟁 등의 이미지와는 매우 거리가 먼, 평범한 시골을 그린 그림으로 보인다. 누가 이처럼 보기 좋은 그림들을 싫어했다는 말인가. 불행하게도 밀레가 〈만종〉을 그렸을 당시 가난한 사람들과 평범한 프랑스인들은 이 그림을 좋아했지만 당시 프랑스 권력의 정점에 있었던 제2제정[17] 세력들은 밀레가 그린 이 그림이 제2제정 체제를 전복하려는 불순한 정치적 의도를 숨기고 있다고 경계했던 것이다. 본래 예술작품은 그림을 그리거나 글을 쓴 사람의 의도와는 전혀 상관없이 평가받는 일이 흔한데, 밀레도 바로 그러한 경우였던 것이다.

그렇다면 정말 밀레는 그림을 통해서 프랑스 민중들에게 무언가 특별한 정치적 메시지를 전하려 했고 현실정치에 참여하고자 하는 마음이 있었을까? 밀레의 속마음을 백 프로 정확히 알 수는 없겠지만 그는 다양한 형태로 이미 여러 번에 걸쳐서 정치 참여를 거부했었다. 이미 수차례 동료 화가들에게도 말했듯이 밀레는 정치적이기보다는 오히려 종교적인 화가였다. 밀레가 나타내고 싶었던 것은 정치적 메시지보다는 가난한 농민들에 대한 애정과 존경심 그리고 농촌을 중심으로 하는 자연에 대한 서정적 풍경이었으니 정치화가보다는 종교화가 혹은 전원화가라고 보는 게 좀 더 타당할 것이다. 체제 전복과 불순한 혁명에 대한 정치권의 의심을 받던 〈만종〉에 대한 그의 고백을 들어보자.

---

17 제2제정(Le Second Empire) : 1852년 12월 2일 나폴레옹 1세의 조카인 루이 나폴레옹(나폴레옹 3세)이 권력을 잡은 후부터 프랑스–프로이센 사이에 벌어진 보불전쟁에서 패배하고 그가 포로가 된 직후(1870년 9월 4일)까지 이어졌던 프랑스의 정치체제를 말한다.

〈만종〉은 옛날에 농촌에서 밭일을 할 때 만종이 울리면 고된 일을 잠시 멈추고 모자를 벗어 들고 가엽게 죽은 자들을 위해 경건하게 삼종기도[18]를 올리게 하셨던 우리 할머니를 떠올리며 그린 그림이다.

그렇다면 밀레는 정말 프랑스 현실정치에 전혀 관심이 없는, 평범한 농촌 풍경만 그렸던 화가였는가? 사실 밀레의 일생에는 특이한 이력이 있다. 밀레 자신이 정치에 전혀 관심이 없다고 언급했던 것과는 달리 나중에 사실주의 그림의 대가였던 귀스타브 쿠르베와 함께 1871년 세계 최초의 사회주의 정권이자 노동자 정권이었던 파리코뮌[19]의 일원이 된

---

18 삼종기도(Angelus) : 삼종기도는 말 그대로 하루에 세 번 드리는 기도인데, 특히 가톨릭에서 아침, 정오, 저녁의 정해진 시간에 그리스도의 부활과 성모 마리아를 숭배하는 마음을 담아 드리는 기도를 말한다. '삼종'이란 교회 첨탑에 있는 종을 세 번 친다는 의미가 있다. 종을 칠 때는 한 차례에 세 번씩 세 차례 나누어 치고, 조금 있다가 다시 계속 치는 방식으로 친다.
유럽에서 삼종기도가 나오게 된 계기는 바로 11세기에 기독교와 이슬람이 200년간 싸웠던 십자군 전쟁이었다. 십자군 전쟁이 한창일 때, 그리스도의 명을 수행하는 십자군들을 위해 후방에 사는 신자들에게 잊지 말고 그들의 승리를 기원하는 기도를 드리라고 상기시키고자 매일 아침, 점심, 저녁 교회에서 종을 친 데서 유래되었다고 전해진다. 밀레의 그림에서 만종은 멀리 희미하게 보이는 교회와 여인의 합장한 두 손으로 표현되었다.

19 파리코뮌 : 1871년, 프랑스와 벌인 보불전쟁에서 승리한 프로이센의 비스마르크는 파리를 포위하고 프로이센이 독일제국이 되었음을 선언한다. 비스마르크가 이끄는 프로이센군에게 패배한 프랑스군은 비스마르크와 빌헬름 1세에게 무조건 항복하였지만, 애초부터 프랑스 정부를 그다지 신뢰하지 않던 파리 시민들이 보불전쟁 참전 군인들과 합세해서 폭동을 일으키고 세계 최초의 노동자들이 중심이 된 사회주의 시민정부를 만드는데, 이것이 바로 파리코뮌이다. 파리코뮌이 결성된 이후 파리 시민들은 자본가들과 부자들의 사유재산을 가난한 사람들에게 나누어주었고 8시간 이상 노동 금지, 의료, 군인들 가족들에 대한 정부적 지원 등 다양한 복지정책을

사실은 우리에게 시사하는 바가 있다. 그럼 과연 밀레는 정치적인 메시지를 자신의 그림들에 담았던 것인가? 혹은 그의 대표 작품인 〈만종〉은 정말 체제 전복을 위한 선동의 의미를 제시하고 있는 그림인가? 아니면 밀레는 자신이 한 말처럼 그냥 자신이 본 농촌 풍경만을 자신의 기억대로 그린 평범한 농촌화가인가?

수많은 걸작들을 남긴 밀레는 많은 화가들에게 영향을 끼쳤는데 대표적인 화가로는 빈센트 반 고흐가 있다. 고흐는 그의 동생이었던 테오

내걸었다.

1871년 3월에 출범한 세계 최초의 사회주의 정부 파리코뮌은 1871년 5월까지 약 2개월간 시민정부로 구성된 자치령으로 유지되었으며 파리를 점거하면서 무능력한 프랑스 정부와 프로이센에 맞섰다. 이에 파리코뮌을 제압하고 파리를 되찾기 위해 1871년 5월 21일, 프랑스와 프로이센의 합동작전이 전개된다. 티에르 대통령의 지시를 받은 베르사유 정부군은 파리 서쪽에서, 동쪽에서는 프로이센군이 진입하기 시작했는데 때마침 파리 시민들은 튈르리 정원에서 콘서트를 즐기느라 정부군과 프로이센군이 파리 외곽에서 쳐들어오는 것을 모르고 있었다. 결국 부랴부랴 시내 곳곳에 수십 개의 바리케이드를 세우고 치열한 시가전을 벌였지만 시민군이 정부군을 당할 수는 없었다. 하루 만에 파리 서쪽의 대부분을 점령당했고, 5월 24일에는 파리의 절반이 파리 시내에 진입한 프랑스 정부군에 의해 점령당했다.

1871년 5월 28일 파리의 공동묘지인 페르 라셰즈에서 최후까지 항전하던 147명의 '파리코뮌 전사'들이 베르사유 정부군에게 밀려 포위당했다. 그들은 묘비들을 방패 삼아 밤새워 항전했으나 실탄이 떨어져 모두 사로잡힌다. 그날로 총살당한 그들의 주검은 벽 밑에 판 구덩이에 묻혔다. 이로써 '역사적 대희망'이었던 세계 최초의 노동자 중심의 사회주의 시민정부 파리코뮌은 막을 내렸다. 코뮈나르(communard, 코뮌 참가자)들은 두 달 동안의 해방 기간 동안에 극심한 식량난으로 어려움을 겪는 가운데도 낮에는 토론으로, 밤에는 축제로 보냈다고 한다.

지금까지도 국제 노동자 연대를 상징하는 노래로 애창되고 있는 〈인터내셔널〉도 그때 만들어져 불렸던 노래다. 어느 역사가는 그들이 해방 초기의 기세로 정부군을 계속 공격했다면 아마도 파리코뮌은 성공했을 수도 있었다고 했다. 그러나 파리코뮌은 결과적으로 실패로 막을 내렸다.

밀레가 〈만종〉으로 혁명을 꿈꾸었다고?

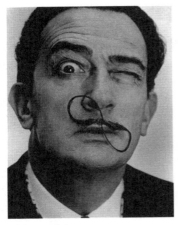

살바도르 달리

에게 많은 편지를 썼는데, 밀레와 그의 작품들에 관한 이야기를 많이 한 것으로 알려졌다.

한편, 스페인의 초현실주의 화가로 유명했던 살바도르 달리(S. Dali)가 밀레의 〈만종〉은 그냥 평범한 시골 풍경이 아니고 사실은 엄청난 비밀이 숨겨져 있다는 주장을 해서 당시 유럽 미술계와 학계에 큰 파문을 일으켰다. 그는 부부가 머리를 숙이고 땅을 내려다보는 곳에 있는 붉은색 감자 바구니에 이 그림의 숨겨진 비밀이 있다고 주장했다. 달리 자신도 어릴 때부터 밀레의 그림을 좋아했기에 〈만종〉을 보고 모작을 많이 했다고 한다. 달리의 주장은 〈만종〉의 감자 바구니는 그냥 바구니가 아니고 사실은 농부 부부의 갓난아기 시신을 담은 관이었으리라는 것이었다.

만약 살바도르 달리의 주장이 사실이라면 그동안 밀레와 〈만종〉을 의심했던 프랑스 기득권의 말처럼 밀레와 〈만종〉을 비롯한 그의 대부분의 작품들은 우리가 알던 평화로운 농촌 풍경이 아닌 엄청난 정치적 메시지를 함유한 불순한 정치적 작품들이 되는 것이었다. 그러니 달리의 파격적인 주장으로 인해 프랑스는 물론이고 유럽의 미술계와 학계가 받았을 충격이 얼마나 컸겠는가.

달리는 도대체 왜 저런 황당한 주장을 했을까? 이에 관한 재미있는 일화가 있다. 달리는 어린 시절 부모님과 함께 파리에 가서 밀레의 〈만

제3부 로마의 정복지에서 혁명의 나라가 되기까지

살바도르 달리, 〈밀레의 만종에 대한 고고학적 상상하기〉

종〉을 처음 보자마자 비명을 질렀다. 달리의 눈에는 〈만종〉의 감자 바구니 안에 아기의 관이 선명하게 보였기 때문이다. 어린 시절부터 괴짜로 불린 아이였기에 당시에는 아무도 그의 말에 귀를 기울이지 않았지만 그가 스페인을 대표하는 유명한 화가가 되자 이야기가 달라졌다. 달리 역시 여러 경로를 통해 밀레의 〈만종〉에 대한 자신의 주장을 입증하기 위해서 다양한 연구들을 하고 발표까지 했기 때문이다.

　달리는 밀레의 그림을 연구하는 중에 원작을 본뜬 모작을 많이 그렸는데 〈만종〉을 모작한 작품의 이름은 〈밀레의 만종에 대한 고고학적 상상하기〉이었다. 구도를 비롯한 전체적인 분위기가 밀레의 〈만종〉과 흡사하지 않은가. 달리는 밀레의 그림을 모작하는 데 있어서 전체적인 구

밀레가 〈만종〉으로 혁명을 꿈꾸었다고?

도와 주제는 그대로 차용하면서도 자신만의 초현실주의 화풍으로 그림을 그렸다. 원작에 나오는 배경인 평화로운 들판은 달리의 고향인 스페인의 포르트 리가트 해변의 모습으로, 〈만종〉에 등장하는 농부 부부의 형상과 해변의 바위 모습을 절묘하게 패러디했다. '괴짜 미술가'라는 당시 유럽 미술계의 평처럼 굉장히 독특한 화풍으로 〈만종〉을 재해석했던 것이다.

어린 시절 밀레의 〈만종〉에서 받았던 그 충격에서 벗어나지 못하고 성장한 달리는 밀레의 작품에 대해 연구한 것을 논문으로 발표하기까지 한다. 먼저 1933년에는 밀레의 〈만종〉에 대한 연구물을 『미노타우로스(Minotaur's)』지 제1호에 발표했고, 30년 후인 1963년에는 『밀레 〈만종〉의 비극적 신화』라는 연구물을 발표했다. 프랑스와 유럽의 미술계와 학계는 처음에는 밀레의 〈만종〉에 대한 달리의 계속되는 의문과 말도 안 되는 주장을 심각하게 받아들이지 않았는데, 계속되는 확신에 찬 그의 주장에 결국 루브르 박물관이 응해서 〈만종〉 원작 그림을 당시로서는 최첨단 기법이었던 X-Ray로 촬영하게 된다. 루브르 박물관이 의도한 것은 X-Ray를 통해 〈만종〉의 감자 바구니 안에 죽은 아기 시신을 담은 관이 아니라 감자만 있다는 것을 과학적으로 입증하려는 것이었다.

그러나 루브르 박물관의 이러한 과학적인 시도는 오히려 더 큰 혼란과 논란을 촉발하게 되는데, 그 이유는 X-Ray에 의해서 육안으로 잘 안 보이던 거무스름한 직육면체 물건이 보였던 것이다. 그것은 마치 달리의 확신에 찬 주장을 뒷받침하기라도 하는 듯 감자 바구니 안에 뭔가 이상한 흔적이 있다는 것이 드러났다. 달리의 주장에 의하면, 그것은 아기 관이었다.

제3부 로마의 정복지에서 혁명의 나라가 되기까지

밀레, 〈접붙이는 농부〉, 1855, 캔버스에 유채, 80.5×100cm, 뮌헨, 알테 피나코테크

　재미있는 것은 당시 X-Ray 검사 결과를 본 많은 사람들과 과학자들이 달리의 주장에 적극 동의하지도 않았지만 그렇다고 해서 완전 허무맹랑한 이야기로 넘기지도 않았다는 것이다. 달리의 주장에 따라 그림을 보면, 황량한 느낌의 벌판, 아기 요람처럼 보이는 감자 바구니, 슬픔의 묵상처럼 보이는 부부의 자세, 땅을 팠을 때 쓴 것 같은 쇠스랑, 그리고 마치 천국이 열리는 것 같은 하늘의 모습 등 묘지에서 볼 수 있는 풍경들이 묘사되어 있는 것을 알 수 있었기 때문이다. 결정적으로, 많은 예술가들이 〈만종〉을 미리 예고하는 그림이라고 평가하는 밀레의 1855년 작품인 〈접붙이는 농부〉에도 농부 부부가 등장하는데, 여기서는 여인의 팔에 살아 있는 아기가 안겨 있다. 〈접붙이는 농부〉에서는 살아 있

었던 아기가 〈만종〉에는 어디로 간 걸까? 이에 대한 해답은 밀레 자신만이 알 것이다.

루브르 박물관이 실시했던 X-Ray 검사와 결과는 미술계와 학계에 엄청난 센세이션을 몰고 왔다. 루브르 박물관의 발표 이후에 정말 밀레가 감자 바구니 자리에 원래는 아기 시신이 있는 관을 그렸다가 나중에 색을 덧칠해서 감자 바구니로 바꾼 것이 아니냐는 주장들이 점점 더 소리를 높였기 때문이었다.

정말 밀레는 원래는 바구니 안에 아기 관을 넣은 그림을 그렸고 나중에 그 위에 다른 색을 덧입혔던 것인가? 하루 일과를 마친 감사기도를 하는 것이 아니고 사실은 아이의 죽음에 슬퍼하는 것인가? 결론적으로 아쉽게도 감자 바구니 아래에 있는 흔적의 유무에 대해서는 아직도 명확히 밝혀진 것은 없다. 또한 많은 밀레 연구자들은 달리의 이러한 주장을 터무니없는 개인적 망상으로 치부하기도 한다. 그들 연구자들은 감자 바구니 밑에 있는 흔적은 밀레가 색을 칠하기 전에 그냥 기본적인 밑그림으로 그린 것이라고 주장한다.

밀레의 〈만종〉에서 감자 바구니에 얽힌 진실은 무엇일까? 그림의 원작자인 밀레 자신이 그 논란에 대한 아무런 답을 내놓지 않았기 때문에 그 누구도 정확한 답을 줄 수는 없지만 진실과 상관없이 이 그림에 관계된 슬픈 이야기가 전해진다. 당시 프랑스의 농촌은 가난한 농부들이 힘겹게 배고픔을 참고 씨감자를 아껴서 다음 해 봄이 되면 밭에 뿌리는 생활을 했었는데 〈만종〉에 나오는 부부도 그런 삶을 살았을 것이다. 그림의 부부도 배고픈 아기에게 씨감자를 주지 않고 버티다가 결국 아기가 배고픔을 이기지 못하고 죽어서 감자 바구니에 아기 시신을 놓고 신에게 여러 가지 복잡한 심정을 담아 기도를 올리던 중일 수도 있다. 그렇다면 감자 바구니에 원래부터 있었던 아기 시신이 왜 〈만종〉 그림에서 없어진 것일까? 어느 날 밀레의 그림을 본 친구가 큰 충격을 받았고, 밀레의 앞날을 염려해서 그의 그림에서 아기 시신을 지우고 대신 감자를 채우게 했다는 이야

밀레, 〈씨 뿌리는 사람〉, 1850, 미국 보스턴 박물관

기다. 아기의 시신의 관을 넣은 그림을 전시회에 출품하면 절대로 좋은 결과를 얻을 수 없고 그림도 팔 수 없을 것이라고 생각했기 때문이었다. 그래서 고심 끝에 밀레는 출품하기 전에 아기 위에 색을 덧칠해서 감자 바구니로 바꿨다는 것이다.

친구의 밀레를 향한 걱정은 나름 타당한 것이었다. 밀레는 〈만종〉을 그리기 7년 전인 1850년에 그린 또 다른 유명한 그림 〈씨 뿌리는 사람〉으로 인해 이미 정치적으로 큰 어려움을 겪었기 때문이었다.

1850~1851년 〈씨 뿌리는 사람〉이 살롱에 전시되었을 때 의외로 큰 반향을 불러일으켰다. 살롱 전시회에서 이 그림을 두고 나온 평가는 완전히 극단적으로 갈라졌는데, 우선 보수적인 비평가들은 평범한 농부를

마치 영웅적인 모습으로 그렸다는 데에 매우 분개했다. 정치적인 사람들은 더 나아가 밀레가 매우 정치 선동적인 그림을 그렸다고 분노하기까지 했다.

보수적인 사람들은 농부의 영웅적인 모습을 싫어하고 못마땅하게 생각했던 것일까? 게다가 평범한 농부의 사실적인 모습을 그린 밀레의 이런 그림이 어떻게 체제 전복을 꾀하거나 선동하는 그림이라고 생각했던 것일까? 보수적인 기득권 세력의 입장에서는 밀레가 그림 속에 표현한 농부의 모습이 전혀 평범하지 않게 보였다. 평범한 농부를 마치 근육질의 영웅이 땅을 박차고 나아가는 것처럼 묘사했으니 기존의 신분제를 부정하려는 나쁜 의도가 있다고 여기며 밀레의 그림을 좋지 않게 보았던 것이다. 즉 역동적인 농부의 힘찬 발걸음이 문제였던 것이다.

가난한 시골에서 못 먹고 살아온 농부답지 않게 씨를 뿌리는 농부의 팔에는 강력한 근육과 넘치는 힘이 느껴지는데 이런 것들을 정치권 사람들이 좋지 않게 보았던 것이다. 아무리 보아도 일반적인 가난한 시골 농부라고 보이지 않는 그림의 주인공을 통해 당시 프랑스 사회에서 핍박받으며 힘겨운 삶을 영위하던 민중이 마치 땅을 박차고 나가면서 새로운 세상을 열어 나가는 듯한 모습이 밀레가 민중들을 자극하고 선동하려는 불순한 정치적 목적을 갖고 이런 그림을 그렸다고 생각했던 것이다.

당시 밀레의 그림을 본 우파의 보수적인 언론들은 "이 그림을 그린 사람은 계층 간의 갈등을 부추겨 사회에 대한 불만을 조장하는 사회주의자다"라면서 문제를 제기하기도 했다. 우파의 또 다른 세력들도 "아니다 이 그림을 그린 밀레는 일하는 가난한 사람이 주인이 되는 새로운 세상을 꿈꾸는 진짜 사회주의자다"라고 하면서 밀레를 대표적인 사회주의자로 몰아갔다. 이런 비난에 대해 정작 밀레 자신은 "나는 사회주의 같은 것은 모른다. 그저 나의 눈에 보이는 사실만을 그렸다."라고 말하면서 자신이 혁명을 바라거나 정권의 붕괴를 꿈꾸었던 것이 전혀 아니라는 점을 여러 차례 피력했다.

밀레의 대표작인 〈만종〉이나 〈씨 뿌리는 사람〉을 바라보는 독자들의 생각은 어떠한가? 밀레의 말대로 그저 농촌의 삶을 눈에 보이는 그대로 최대한 전원적으로 평범하게 그린 것처럼 보이는가? 아니면 살바도르 달리의 말대로 아기 시신을 담은 관이 있고, 보수 언론의 지적처럼 가난한 민중들을 선동하는 정치적인 메시지로 보이는가?

테마로 읽는 매혹의 프랑스